PIA MEIER

HERZLICHE GRÖSSE!

Warum knallharte Chefs von ihren besten Mitarbeitern verlassen werden

Inhalt

Und was machen Sie da?   5

1. Teil KLEINGEMACHT   6
1 Wie, schon wieder krank?   7
2 Tun Sie, was Sie nicht lassen können   9
3 Tja, wenn Sie das nicht begreifen …   11
4 Was geht mich das an?   13
5 Das hat die nicht zu interessieren   17

2. Teil GEWACHSEN   20
6 Krank ist nicht gleich krank   21
7 Gekündigt ist nicht gleich gekündigt   27
8 Versagen ist nicht gleich Versagen   33
9 Ganz unten ist nicht gleich ganz unten   39
10 Nichts gesagt ist nicht gleich nichts gesagt   45

3. Teil ECHT GROSS   50
11 Frau Meier, jetzt hören Sie mal!   51
12 Die Besten sind groß   53

Das machen wir hier!   57

Autorenvita   59
Danke   60
Impressum   62

Und was machen Sie da?

Es ist etwa zwölf Jahre her. Ich bin Assistentin der Geschäftsleitung bei Seidel. Eine unserer regelmäßigen Ehrungsveranstaltungen für die Firmenjubilare beginnt in Kürze. Wie immer wird der Inhaber Dr. Ritzenhoff jedem eine persönliche, handgeschriebene Glückwunschkarte überreichen.

Diese Karten habe ich für ihn vorbereitet und nun sitzen wir zusammen. Er füllt die Karten aus, steckt sie in den vorgesehenen Umschlag und gibt sie mir mit den Worten zurück: „Wissen Sie was, Frau Meier? Kommen Sie doch dieses Mal mit hoch zu den Jubilaren. Ich würde mich freuen, wenn Sie als meine Assistentin mit dabei wären."
Ich sage strahlend zu, denn ich empfinde seine Einladung als Wertschätzung.
„Gut", nickt er, „Sie können mir die Karten jeweils zusammen mit den Blumen anreichen. Einverstanden?"
„Ja, sehr gerne!", antworte ich.
„Dann lassen Sie uns gehen", sagt er und steht auf. „Ich glaube, das Führungsteam wartet schon auf uns."
Tatsächlich stehen die Herren vor der Tür.
Einer davon schaut mich von oben bis unten an und fragt: „Na, gehen Sie auch mit?"
Ich antworte stolz: „Ja."
Worauf er in einem Tonfall, der an Abschätzigkeit nicht zu überbieten ist, sagt: „Und was machen Sie da?"
Sein Blick fällt auf die Briefumschläge in meiner Hand und er sagt bösartig-spöttisch: „Ach so, Sie sind die Kartenträgerin."

Klarer hätte er mir nicht vermitteln können, dass ich in seinen Augen nicht geeignet und persönlich viel zu klein bin, um irgendeinen wertvollen Beitrag in diesem Unternehmen zu leisten.

1. Teil

KLEIN GEMACHT

1 Wie, schon wieder krank?

Mitarbeiter sind das höchste Gut einer Firma. Ich weiß nicht, wie Sie das für Ihr Unternehmen sehen – wir bei Seidel sind jedenfalls überzeugt davon. Daraus ergibt sich für uns, dass wir heute manches anders machen als andere.

Lassen Sie mich Ihnen zunächst zeigen, wo aus meiner Sicht das Problem liegt, wenn Mitarbeiter so geführt werden, wie sie heute noch in den meisten Unternehmen geführt werden. Anschließend will ich Ihnen zeigen, wann und wo wir bei Seidel ein Verhalten an den Tag legen, das – na, sagen wir mal – in der Personalführung zumindest ungewöhnlich ist. Ich will Ihnen erklären, welche Haltung dahinter steht und vor allem: Warum wir damit Erfolg haben.

Ich fange bei einem Thema an, das jedem Unternehmen auf der Seele brennt: dem Krankenstand. Der stellt eine Riesenbelastung dar, denn Sie müssen ja nicht nur den Lohn weiterzahlen, sondern auch für eine Vertretung sorgen. Oder schlimmstenfalls sogar eine Maschine still stehen lassen. Das heißt, solche Ausfälle gehen nicht nur direkt zulasten der Kosten, sondern auch zulasten der Produktivität.

Wenn Sie dann auch noch den Anteil der Krankmeldungen berücksichtigen, können Sie sich leicht ausrechnen, wie immens der Schaden ist. Denn egal, wo Sie hinhören: Der Krankenstand liegt mindestens bei sechs Prozent, bei den meisten aber eher bei zehn oder sogar noch darüber. Das war bei Seidel früher nicht anders.
Der Schaden für´s Unternehmen ist also hoch und steigt mit jedem Krankheitsfall. Deshalb schlägt Ihnen jeder Personalverantwortliche erst mal die Hände über dem Kopf zusammen, wenn er von einem Fall wie dem nachfolgenden hört. Der ist so original bei Seidel passiert. Übrigens: Alle Beispiele, die ich Ihnen in diesem Buch schildere, sind alle exakt so abgelaufen, wie ich sie erzähle. Das einzige, was ich geändert habe, sind die Namen der Beteiligten.

Manuel ist Azubi im zweiten Lehrjahr. Wir waren sehr froh, als dieser wache, intelligente, junge Mann letztes Jahr bei uns anfing. Bis dato hatte er sich auch gut gemacht. Doch aktuell ist er seit einigen Wochen krankgeschrieben. Am Telefon lässt er uns nur wissen: „Es geht mir einfach nicht so gut zur Zeit."
Gerade steht er wieder wie ein Häuflein Elend an der Pforte, um die nächste Krankmeldung abzugeben: den Blick nach unten gerichtet, tieftrauriger Gesichtsausdruck.
Mein Mitarbeiter, der zufällig vorbeikommt, sieht das und spricht ihn an: „Mensch, Manuel, was ist denn mit dir los?" Der junge Mann antwortet niedergedrückt: „Ich habe eine Depression."

Oh je. Wenn Sie auch schon Fälle von psychischen Erkrankungen unter Ihren Leuten hatten, wissen Sie, wie lange es dauern kann, bis der Betreffende wiederkommt. Was also tun?

Ein Impuls, der einer Führungskraft in diesem Augenblick schnell kommt, ist: Wie kann ich einem Mitarbeiter, der dauernd fehlt, kündigen? Angesichts des Schadens, den jeder Krankheitsfall verursacht, kann ich das schon nachvollziehen – gerade wenn die Firma nicht so groß ist. So wie bei einer befreundeten Geschäftsführerin, die mir erzählt: *„Jetzt habe ich eh nur drei Angestellte. Doch eine davon meldet sich sofort krank, sobald ich sie auf einen Fehler aufmerksam gemacht habe: Am nächsten Tag ist sie garantiert nicht da. Was kann ich denn tun, um die loszuwerden?"*

Verstehen Sie mich nicht falsch: Ich unterstelle keinem Unternehmen, dass es Mitarbeiter hinauswerfen will, weil sie wirklich krank sind. Meiner Beobachtung nach erkennen die meisten ihre soziale Verantwortung solchen Mitarbeitern gegenüber sehr wohl an.

Die Mitarbeiter jedoch, gegen die sich die Firmen verständlicherweise wehren wollen, sind diejenigen, die nicht krank sind, sondern krank machen. Und die gibt es sehr wohl. Ich würde mal behaupten, dass, wenn Sie einen Krankenstand von zehn Prozent haben, nur fünf Prozent wirklich krank sind! Und wenn Sie bei den übrigen fünf Prozent ansetzen, finde ich das nur richtig. Was mich aber stört, ist der Impuls, das Krankmacher-Problem mit der Kündigung zu beseitigen, ohne auf den Menschen und seine Gründe zu schauen. Eine Trennung kann, muss aber nicht die richtige Maßnahme sein. Mehr dazu lesen Sie in Kapitel 6.

Jetzt will ich mit Ihnen jedoch zunächst auf das nächste drängende Mitarbeiterproblem eingehen, das alle Unternehmen umtreibt ...

2 Tun Sie, was Sie nicht lassen können

Hubert Hartel ist ein guter Mitarbeiter. Einer, den Sie als Geschäftsführer oder Personalleiter nicht gerne verlieren: Er ist zuverlässig, fleißig und bei den Kollegen beliebt. Er kommt gerne zur Arbeit. Und den Job, den er macht, kann so schnell auch keiner übernehmen: Er richtet in der Montage die Maschinen ein – dafür brauchen Sie mindestens ein oder zwei Jahre Erfahrung. Herr Hartel ist also nicht so leicht zu ersetzen.
Eines Morgens kommt er in der Personalabteilung vorbei. Die Sachbearbeiterin schaut ihn erstaunt an: Eigentlich ist er noch im Urlaub. Er ist schon einige Wochen weg, denn er hat seinen gesamten Jahresurlaub über die Weihnachtstage genommen. Ein paar Tage wären übrig. Doch nun steht er hier und legt ihr wortlos sein Kündigungsschreiben auf den Tisch.

Fluktuation ist zum Schreckgespenst für Unternehmen geworden. Kein Wunder! Wenn Sie sehen, dass wir in vielen Teilen Deutschlands, wie zum Beispiel bei uns in Mittelhessen, nahezu Vollbeschäftigung haben, wissen Sie, dass die Nachbesetzung offener Stellen richtig schwierig sein kann. Das hat inzwischen so ziemlich jede Unternehmensführung leidvoll erfahren. Es tut deshalb den Unternehmen richtig weh, wenn sie von ihren Mitarbeitern verlassen werden – ganz besonders natürlich von den guten. Deshalb kann ich es kaum fassen, wenn ich sehe, wie Firmen mit einer Situation wie dieser in der Regel umgehen. Denn wie würde die Geschichte von Hubert Hartel normalerweise weitergehen?

Die Dame am Schreibtisch würde das Kündigungsschreiben kurz überfliegen. Sie würde es mit einem Eingangsstempel versehen, Herrn Hartel mitteilen, dass damit für ihn alles erledigt ist, und würde das Papier ihrem Chef, dem Personalleiter, weiterleiten. Sie wüsste in dem Moment schon, wie der reagieren wird. Der wird den Kopf schütteln und sagen: *„Tut uns ja leid, dass er geht, aber was sollen wir tun?"*

Dann wird er die Sachbearbeiterin bitten, die entsprechende Stellenanzeige zu aktualisieren, sie rauszugeben und – ach ja – die Kündigung ordnungsgemäß abzuheften.

Falls der Personalleiter dann zufällig Herrn Hartel noch auf dem Gang trifft und der zum Sprechen ansetzt, wird er ihn – vielleicht aus einer gewissen Hilflosigkeit oder stillem Ärger heraus – unterbrechen mit den Worten: *„Ja, ja, ich weiß schon: Sie haben gekündigt. Alles Gute für Sie."* und davonrauschen. Und für den Mitarbeiter hört sich das an wie: *„Tun Sie, was Sie nicht lassen können."*

Und selbst wenn sich die Personalleitung die Zeit nimmt, Hintergründe erfährt und auch versteht: Sie fühlt sich selten in der Lage, anders zu reagieren. Oft stehen zum Beispiel gesetzliche Regelungen, interne Vorgaben oder vermeintliche Kostengründe dagegen – und dann unterbleibt eben eine mutigere Aktion.

Die meisten Firmen wissen, dass sie um ihre Mitarbeiter froh sein können.

Zwar finden Sie in den Unternehmen nur noch selten die Haltung, dass die Leute froh sein können um ihren Job. Die meisten Firmen wissen, dass sie um ihre Mitarbeiter froh sein können. Doch dass sie diese heute mit anderen Mitteln halten müssen als früher, ist noch nicht durchgedrungen.

Was ich daran so schlimm finde: Ein Unternehmen verliert auf die Art nicht nur einen Mitarbeiter. Die Kollegen, die noch da sind, und auch die potenziellen Bewerber von draußen bekommen diese Haltung ja mit. Sie schließen daraus für sich: Aha, dieser Firma scheint es eigentlich egal zu sein, wenn einer geht, die wollen nicht einmal wissen, warum. Es interessiert hier keinen, was diesen Menschen dazu bewogen hat. Alles, was die interessiert, ist, wer nun seinen Job übernimmt. Die Maschinerie muss laufen. Der Mensch dahinter ist hier nicht wichtig. *Ich bin hier nicht wichtig.*

Wundern Sie sich noch, dass die Fluktuationsrate ständig steigt?

Der dritte Begriff, den Sie neben *„Krankenstand"* und *„Fluktuation"* am häufigsten hören, wenn es um das Jammern über Mitarbeiter geht, ist der des *„Low Performers"*.

3 Tja, wenn Sie das nicht begreifen ...

Nach der ABC-Strategie von Prof. Knoblauch ist ein Low Performer ein C-Mitarbeiter: Während der A-Mitarbeiter den Unternehmenskarren zieht und der B-Mitarbeiter an der Seite zumindest noch ein bisschen mit schiebt, hat es sich der C-Mitarbeiter oben auf dem Gefährt bequem gemacht und lässt sich kutschieren. Und nicht nur das: Der C-Mitarbeiter versaut auch die Arbeitsmoral der A- und B-Mitarbeiter, weil es sie mächtig nervt, diesen immer mitschleppen zu müssen.

Also ist der Fall klar, wenn ich von einem unserer Ingenieure zu hören kriege: „*Frau Meier, die Frau, die Sie mir da in mein Büro gesetzt haben: Die ist strohdoof. Die kommt wegen jedem Handschlag zu mir und ich soll ihr dann erklären, wie sie es machen soll.*" Eindeutig eine C-Mitarbeiterin. Oder doch nicht? Ich komme später nochmal auf das Beispiel zurück.

Und was würden Sie zu dem folgenden Mitarbeiter sagen?

Erwin ist 61 Jahre alt. Er arbeitet seit einigen Jahren bei uns im Werk A in der Produktion. Allein letztes Jahr schlagen bei Erwin im Krankenstand sage und schreibe 130 Tage zu Buche.
Seine Kollegen kommen zu mir und sagen: „Boah, können wir den nicht entlassen? Frau Meier, das kann doch nicht so weitergehen: Dauernd macht der krank. Und wenn er mal da ist, nörgelt er nur herum, weil ihm dieses und jenes nicht gefällt."

So ist das mit echten C-Mitarbeitern: Irgendwann hat jeder die Nase voll von ihnen. Ihr Ruf eilt ihnen voraus, der Chef schüttelt nur noch den Kopf und bei der Personalabteilung kommen Beschwerden über Beschwerden an. Der C-Stempel sitzt irgendwann fest auf dem Mitarbeiter drauf.

Was ich daran verstehen kann: So ziemlich jeder Personalverantwortliche hat schon die Erfahrung gemacht, dass er echte C-Mitarbeiter nicht zu B- oder A-Mitarbeitern machen kann.

Deren Verhalten hat etwas mit Haltung zu tun und die persönliche Haltung kriegen Sie so schnell nicht verändert. Da hilft auch meiner Meinung nach oft nur die Trennung. Es braucht nämlich ein einschneidendes Erlebnis, damit der C-Mitarbeiter kapiert, dass er an sich arbeiten muss. Für den kann die Kündigung eine Chance sein. Ich habe schon Fälle erlebt, in denen solche Kandidaten dann tatsächlich aufgewacht sind und sich an ihrem neuen Arbeitsplatz zum guten Mitarbeiter gemausert haben.

Wenn der echte C-Mitarbeiter aber nie die volle Konsequenz für sein Verhalten zu spüren kriegt: Warum soll er sich dann ändern? Unternehmen, die sich zu dieser Konsequenz nicht durchringen können, züchten sich ihre C-Mitarbeiter auf diese Art erst recht heran, denn so ein Verhalten ist ansteckend.

Verhalten hat etwas mit Haltung zu tun und die persönliche Haltung kriegen Sie so schnell nicht verändert.

Aber Unternehmen, die grundsätzlich alle C-Mitarbeiter entlassen, machen ebenfalls einen Fehler, wenn sie nicht vorher prüfen, ob das C der Realität entspricht oder nur ein Stempel ist. Und dieser Fehler kann sie mindestens ebenso teuer zu stehen kommen wie die lasche Masche!

Der nächste kritische Punkt wird von den Unternehmensführungen in der Regel verkannt …

4 **Was geht mich das an?**

Im großen Aufenthaltsraum der Produktion steht ein Kühlschrank. Da hinein können die Mitarbeiter ihre mitgebrachten Getränke stellen.
Gerade hat die Pause begonnen, der Raum füllt sich. Der erste will den Kühlschrank öffnen – und schaut entgeistert. Ein DIN-A4-Zettel klebt außen an der Tür.
„Hey, das müsst ihr euch anschauen", ruft der Mann seinen Kollegen zu. Viele kommen näher, bald drängelt sich ein Pulk um den Kühlschrank. Jeder will lesen, was in fetten Buchstaben auf diesem Ausdruck steht, wo nur die Unterschrift fehlt. Da steht unter anderem:
„An das Stück Menschenmüll, das mein Red Bull geklaut hat, du Wichser! .... Du bist das Allerletzte auf diesem Planeten. ... Wehe, wenn ich dich erwische.
Nimm dir doch einfach selber das Leben, du Drecksau!"
Es wird ganz still im Raum.

In jedem Unternehmen gibt es unter den Mitarbeitern Konflikte. Ganz egal, ob es darum geht, dass der Mitarbeiter aus der einen Abteilung sauer ist auf den aus der anderen Abteilung, weil der angeblich mal wieder absichtlich einen Vorgang hat liegen lassen. Ob ein Kollege dem anderen Geld geliehen hat und der es nicht zurückzahlt. Oder ob der eine Mitarbeiter zum anderen sagt: *„Dieser Platz im Frühstücksraum ist mir und wenn du nochmal deinen Rucksack darauf stellst, dann schmeiß ich den in die Ecke."* Es heißt oft, solche Kleinkriege gibt es nur unter Frauen – das stimmt nicht. Ich kann Ihnen sagen: Unter Männern geht es genauso zu. Das ist normal, das ist menschlich.

In aller Regel kümmert sich eine Geschäftsleitung um solche Konflikte nicht. Die sind schließlich Privatsache der Mitarbeiter, die sollen das bitte unter sich regeln. Das hat mit der Firma nichts zu tun. Sagen sie.

Ein Geschäftsführer hat mir im Gespräch einmal wortwörtlich gesagt: „*Es geht im Business um Prozesse, nicht um Menschen. Fokussiere dich auf die Maschinen und ihren Output und deine Firma läuft wie von alleine. Geh mir fort mit den Menschen und ihren Problemen.*"

Ich kann ihn ein Stück weit verstehen: Er ist – wie so viele Geschäftsführer und Personalleiter – Jurist. Das heißt, er ist von der Ausbildung her ein sehr durchstrukturierter, disziplinierter Mensch, der darauf trainiert wurde, die rationalen Fehler im System zu suchen und auszumerzen. Es wird ihm beigebracht, dass es nicht gut ist, sich im Zusammenhang mit der Firma in die menschlichen „*Niederungen*" von Gefühlen und Kommunikationsproblemen zu begeben. Menschliche Nähe zu den Mitarbeitern gilt als unprofessionell.

Deshalb ignorieren Führungskräfte die Konflikte unter den Mitarbeitern lieber – wenn sie sie überhaupt mitbekommen. Denn viele dieser Auseinandersetzungen landen gar nicht bei ihnen. Stellen Sie sich vor, unter der Belegschaft ist bekannt, dass Sie als Führungskraft sich sowieso nie solcher Fälle annehmen und sie lösen: Warum sollen sie damit zu Ihnen kommen?

Es bleibt dem Zufall überlassen, ob Sie je davon erfahren. Was aber nicht heißt, dass solche Streitigkeiten keinen Einfluss auf Ihr Unternehmen haben: Der Mensch kommt als Mensch an seinen Arbeitsplatz, sonst wäre er ein Roboter. Die Trennung von Arbeit und Privatem ist deshalb eine Illusion. Und zwar eine mit Folgen ...

Vorsicht, Spirale!

Lassen Sie uns überlegen, wie die Geschichte mit dem Aushang weitergeht, wenn keine Führungskraft etwas davon mitbekommt oder sie sagt *„Geht mich nichts an":*

Auch wenn irgendjemand diesen anonymen Zettel abnimmt und wegwirft, werden vorher viele Mitarbeiter den Aushang gelesen haben und es anderen weitererzählen. In der Belegschaft werden sich daraufhin zwei Parteien bilden.

Die Anhänger der einen Partei werden diesen Aushang total ekelhaft finden. Die zweite Partei jedoch wird sagen: *„Boah, ey, der hat Eier!"* Und es cool finden, dass so ein Super-Macho sein Recht durchsetzt – wenn schon sonst keiner etwas gegen die Klauerei tut.

Solche Stimmen geben dem Schreiber natürlich Aufwind. Und der nächste, der meint, sich Gehör verschaffen zu müssen, wird eins draufsetzen und noch derber werden.

Die dagegen, die einen guten Umgangston pflegen, bekommen den Eindruck: Um hier etwas zu erreichen, musst du dich genauso unter der Gürtellinie äußern wie die – sonst tut sich nichts.

So setzt sich eine Spirale in Gang, die massive Auswirkungen auf die Unternehmenskultur hat. Und irgendwann hilft Ihnen dann auch der beste Prozess nichts mehr, um mit Ihrer Firma erfolgreich zu sein.

Und damit komme ich mit Ihnen zum letzten Bereich, den ich aus der Fülle der Mitarbeiterführungsthemen für Sie herauspicke.

5 Das hat die nicht zu interessieren

In vielen deutschen Unternehmen herrscht eine Kultur des Schweigens. Was ich damit meine, ist: Ich, Mitarbeiter oder Führungskraft, habe zu dir, der du *„auf der anderen Seite"* stehst, kein Vertrauen und deshalb erzähle ich dir nicht, was in der Firma los ist. Und deshalb erzähle ich dir auch erst recht nicht, was mit mir los ist.

Das Ich auf der anderen Seite denkt sich: ‚Der erzählt mir nichts. Der signalisiert mir die ganze Zeit: Frage nicht nach, das geht dich nichts an! Also frage ich nichts mehr und rede auch nicht mit dem. Das will der ja gar nicht. Der vertraut mir nicht, also vertraue ich dem auch nicht.'

Es herrscht also Schweigen – selbst wenn viele Worte gewechselt werden.

„ Wer nichts weiß, muss alles glauben."

Ich will Ihnen auch sagen, was die Folgen sind: Wenn Sie als Führungskraft nicht erzählen, was mit Ihnen los ist, können die Mitarbeiter Sie nicht verstehen. Und wenn die Mitarbeiter Ihnen nicht erzählen, was in der Firma abläuft, dann können Sie nicht eingreifen.

Das heißt, Sie reden nicht miteinander. Doch wenn Sie nicht mit Ihren Mitarbeitern reden, sind Missverständnisse vorprogrammiert. Denn selbstverständlich reden die Mitarbeiter untereinander. Ganz nach dem Motto: *„Wer nichts weiß, muss alles glauben."* schießen die Gerüchte ins Kraut.

Da stehen die Kollegen zusammen in der Raucherecke. Der eine äußert eine Vermutung, der nächste hält die Vermutung für wahrscheinlich und bis die Nachricht den dritten erreicht, ist sie schon zur Tatsache mutiert. Und keiner widerspricht, da es ja keiner besser weiß.

Ist die Stimmung in der Firma von Haus aus schon nicht gut, dann machen solche Gerüchte, die für bare Münze genommen werden, die Situation noch schlimmer: Denn dann interpretieren die Mitarbeiter das Geschehen, das sie beobachten, ohne den Hintergrund zu wissen, wahrscheinlich negativ.

Die miese Stimmung wird noch mieser, das Misstrauen wächst. So wie in diesem Fall:

Mitte Februar kommt der Mitarbeiter Alexander Hepp zur Personalabteilung. Er hatte im letzten Jahr 100 Krankheitstage, sein Arbeitszeitkonto weist aktuell 100 Minusstunden auf. Nun bittet er darum, dass die 15 Tage Resturlaub aus dem Vorjahr auf seinem Zeitkonto gutgeschrieben werden, denn die würden sonst Ende März verfallen. Nehmen könne er die Urlaubstage vorher nicht, weil die Abteilung gerade so viel Arbeit habe.

Kurz darauf erhält er seinen Antrag zurück: abgelehnt.

Am nächsten Tag kommt die Mitarbeiterin Miranda Kuczinski aus derselben Abteilung mit dem gleichen Anliegen: Auch sie möchte ihre 15 Tage Resturlaub auf ihr Zeitkonto gutgeschrieben werden. Auch sie hatte im Jahr davor 100 Krankheitstage und aktuell 100 Minusstunden.

Ihr Antrag wird genehmigt.

Sie können sich gut vorstellen, was Alexander Hepp in der Raucherecke zu den Kollegen aus den anderen Abteilungen sagt: „Ich bin stinksauer. Bei dieser Personalchefin geht es rein nach Nasenfaktor. Nur weil ihr meine nicht gefällt, kriege ich meine Tage nicht gutgeschrieben. Und die Kuczinski schon, obwohl die genauso oft gefehlt hat. Was für ein Scheißladen!"

Seine Zuhörer, die nichts weiter von der Sache wissen, nicken. So, wie der Alexander das schildert, klingt das nach einer himmelschreienden Ungerechtigkeit von denen da oben. Wie soll man sich noch auf die verlassen können?

Vielleicht tragen die Mitarbeiter der Personalabteilung diesen Unmut in der Belegschaft sogar ihrer Chefin zu. Die aber antwortet nur: „Egal. Ich habe das so entschieden und basta. Die Mitarbeiter müssen mir schon vertrauen, dass ich die richtige Entscheidung getroffen habe."

Wenn Sie nun meinen, dass der Fehler darin liegt, dass die Personalabteilung sich nicht an ihre eigenen Regeln hält – gleiches Recht für alle –, dann muss ich Ihnen sagen: Es wäre viel ungerechter gewesen, wenn die beiden Anträge gleich beschieden worden wären. Welche Entscheidung besser zu den Werten des Unternehmens passt, können Sie nämlich nur entscheiden, wenn Sie mehr über den Fall und über die Menschen wissen.

Und wenn Sie die Menschen mehr über das wissen lassen, was Ihnen und dem Unternehmen wirklich am Herzen liegt!

Das waren jetzt fünf Einblicke in einen ganz normalen Unternehmensalltag. Ich sagte eingangs, dass wir bei Seidel manches anders machen. Und davon lesen Sie jetzt ...

2. Teil
GEWACHSEN

6 Krank ist nicht gleich krank

Warum wir im Umgang mit unseren Mitarbeitern manches anders machen, konnten Sie im ersten Teil schon lesen: Wir wollen das erreichen, was andere mit ihrer Art der Mitarbeiterführung offensichtlich nicht erreichen. Das ist unter anderem ein niedriger Krankenstand und eine niedrige Fluktuationsrate. Wir wollen auch, dass sich Mitarbeiter bei uns entwickeln können und dass alle Mitarbeiter gerne und engagiert zur Arbeit kommen. Und nicht zuletzt haben wir den Anspruch, dass Geschäftsleitung und Mitarbeiter an einem Strang ziehen, um den Erfolg unserer Firma zu sichern. Hoch gesteckte Ziele, meinen Sie? Mag sein. Aber wir erreichen sie auch.

In diesem Kapitel erfahren Sie, was unsere Haltung im Umgang mit kranken Mitarbeitern prägt. Oder besser gesagt: mit den Mitarbeitern, die sich krankmelden. Dafür kann es ja die unterschiedlichsten Gründe geben und wir sind uns alle im Klaren darüber, dass nicht jeder Mitarbeiter, der sich krankmeldet, auch wirklich krank ist.

Erinnern Sie sich an Ihre Schulzeit ...

Wer fehlt denn da?

Da gab es Lehrer, die haben sofort bemerkt, wenn in der letzten Bank wieder einmal einer fehlt, und haben ihm vor der nächsten Stunde den Kopf gewaschen. Auf der anderen Seite gab es Lehrer, denen entweder die Lücke gar nicht aufgefallen ist oder die sich mit jeder noch so windigen Ausrede zufrieden gegeben haben. Bei welchem Lehrer haben Sie und Ihre Mitschüler häufiger gefehlt?

Es stecken zwei Gründe dahinter, warum ein Schüler beziehungsweise ein Mitarbeiter nicht erscheint, obwohl er dazu verpflichtet ist. Entweder denkt er: *„Wenn es gar nicht auffällt, ob ich da bin oder nicht, scheint ja keiner gesteigerten Wert auf meine Anwesenheit zu legen."* Das ist das Gefühl, das Mitarbeiter in Konzernen oft haben.

Oder er denkt: *"Offensichtlich hat es keine Konsequenzen für mich, wenn ich blaumache. Also mache ich das doch."* Ja, solche Fälle gibt es – ich bin weit weg davon, eine Sozialromantikerin zu sein. Die Mitarbeiter, die sich möglichst billig durchmogeln wollen, nutzen die Gelegenheit, wenn sie sich ihnen bietet.

Solche Mitarbeiter schaden Ihnen nicht nur direkt, indem sie weiter Geld von Ihnen kassieren und nichts dafür leisten, die schaden Ihnen auch indirekt. Die Leister unter Ihren Mitarbeitern, die ständig die Arbeit für die Drückeberger mit übernehmen müssen, denken auch irgendwann: *"Verdammt nochmal, ich renne mir hier die Füße wund und kein Mensch sagt etwas, dass mein Kollege sich dauernd eine Auszeit nimmt."* Das sorgt natürlich für Unzufriedenheit. Und irgendwann vielleicht sogar für so viel Frust, dass auch ein Leister denkt: *"Also, wenn das so ist, bleib' ich halt auch mal zu Hause."* So entsteht ein Teufelskreis.

Manchmal steckt hinter dem *"Krankmachen"* aber auch viel mehr als nur eine laxe Dienstauffassung, sondern eine Situation mit langer Vorgeschichte. Vielleicht wird ein Mitarbeiter von seinen Kollegen gemobbt, vielleicht hat er schon so oft seinen Vorgesetzten von Missständen berichtet und ist nie gehört worden. Tausend Gründe sind möglich, deshalb schüttelt es mich bei solchen voreiligen Schlüssen: *"Der ist krank, der taugt nichts."*
Von den Gründen erfahren Sie allerdings nur, wenn Sie genauer hinschauen ....

Der richtige Ansatz

Die Geschäftsführerin mit ihren drei Mitarbeitern, von denen eine sich stets krankmeldete, nachdem sie auf einen Fehler aufmerksam gemacht worden ist, hatte mich ja gefragt: *"Wie kann ich die loswerden?"*

Ich antwortete ihr: *"Ich glaube, das ist der falsche Ansatz. Wie wäre es, wenn du sie erst einmal darauf ansprichst, warum sie ständig fehlt? Höre ihr einfach mal zu. Und zeige ihr auf, was ihr Wegbleiben für die Firma bedeutet. Entweder du weißt nach dem Gespräch, ob eure Zukunft besser werden kann – oder auch nicht. Danach kannst du ihr immer noch ein Trennungsangebot machen."*

Wie es laufen kann, wenn Sie das Gespräch suchen und zuhören, möchte ich Ihnen an der Geschichte von Manuel, dem vielversprechenden Azubi, schildern, der sich wegen Depression bei uns krankgemeldet hatte:

Manuel hat gerade meinem Mitarbeiter auf Nachfrage erzählt, dass er eine Depression hat. Dieser sagt daraufhin zu Manuel: „Komm mal mit." Und führt ihn in mein Büro.
Dann holt er mich aus meinem Meeting und raunt mir zu: „Frau Meier, der Manuel, der schon ein paar Wochen fehlt, sitzt drüben bei Ihnen. Reden Sie mal mit ihm."
Ich sehe schon beim Reinkommen Manuels todtrauriges Gesicht, setze mich zu ihm und frage, was mit ihm ist.
„Ich habe einfach null Energie", fängt er leise an zu reden. „Ich kann mich morgens nicht einmal überwinden, aufzustehen und den Rollladen hoch zu machen. Ich bleibe einfach liegen. Ich weiß gar nicht, woher das kommt."
Zwei Stunden lang erzählt mir der junge Mann, wie es um ihn steht: dass er Antidepressiva verschrieben bekommen hat, zum Psychologen und zu einer Selbsthilfegruppe geht. Das hört sich für mich alles ganz grausam an: Manuel bewegt sich nur noch unter Menschen, die über nichts anderes mit ihm reden als über seine Depression. Das kann einen ja nicht fröhlicher machen.
Außerdem erzählt er mir von seiner Familie und seinem Gefühl, für seinen Vater noch nie gut genug gewesen zu sein. Und dass dieser nur dann stolz auf ihn ist, wenn Manuel beim Fußball ein tolles Spiel abliefert. Doch wehe, der Junge hat einen schlechten Tag: Dann spricht sein Vater zwei Wochen lang nicht mehr mit ihm.
Ich höre mir das alles geduldig an und sage Manuel schließlich: „Gegen die Tabletten will ich ja nichts sagen, aber bitte: Verändern Sie Ihr Umfeld. Gehen Sie raus in die Natur. Schauen Sie sich die Schmetterlinge an: Wenn die sich immer nur im Spiegel betrachten, kommen die auch nur auf graue Gedanken. Denn die sehen im Spiegel nur die dunkle Unterseite ihrer herrlich bunten Flügel. Von ihrer Schönheit erfahren sie nur durch die Bewunderung, die sie von anderen bekommen."
Auf Manuels Gesicht zeigt sich ein kleines Lächeln.
Ich fahre fort: „Und bei allem Respekt vor Ihrer Krankschreibung: Tun Sie mir einen Gefallen und kommen Sie bitte morgen wieder arbeiten. Wenn Sie nach einer halben Stunde wieder gehen, ist das okay für mich. Ich möchte nur, dass Sie sich wieder unter glückliche Menschen mischen."

Er schaut mich erstaunt an. Und noch größer werden seine Augen, als er hört, um was ich ihn noch bitte: „Bringen Sie Ihren Vater mit. Der bekommt von mir eine Pia-Therapie."
Ein ungläubiges Grinsen geht über sein Gesicht und er sagt: „Das finde ich cool!"
Und tatsächlich stehen am nächsten Morgen Vater und Sohn in der Tür. Den Manuel schicke ich in seine Abteilung und den Vater bitte ich herein.

„Ich möchte Ihnen eine Geschichte erzählen", sage ich ihm. „Es war einmal ein kleines Mädchen. Das wurde in eine sehr wohlhabende Familie hineingeboren und gleich wieder verstoßen: Ihr Vater hatte nämlich in den Augen ihrer Oma die falsche Frau geheiratet. Und das musste das kleine Mädchen ein Leben lang büßen. Wenn alle anderen Enkelkinder ein Geschenk bekamen, bekam sie keines. Wenn alle anderen gelobt wurden, wurde sie geschimpft. Wenn sie Anerkennung suchte, bekam sie Verachtung. Sie war nie gut genug, ihre Cousins und Cousinen hatten nichts als Hohn für sie übrig. Aber am schlimmsten war, dass sie von ihrer Oma niemals bedingungslos für das geliebt werden würde, was sie war. Die liebte nur die anderen. Können Sie sich vorstellen, wie dieses kleine Mädchen sich gefühlt hat?"

„Das muss ja entsetzlich gewesen sein", sagt er, ehrlich betroffen.
Ich nicke und fahre fort: „Ich will Ihnen noch eine andere Geschichte erzählen, eine von einem kleinen Jungen und seinem Vater. Der wünschte sich von seinem Sohn dringend, dass dieser ein guter Fußballer wird. Immer wenn der kleine Junge schlecht spielte, schüttelte der Vater am Spielfeldrand den Kopf, wandte sich ab und sprach für Tage nicht mehr mit dem Kind. Und der Junge litt, denn er fühlte sich nicht geliebt."
Dem Vater mir gegenüber kommen die Tränen. Er wischt sich über die Augen und erwidert leise: „Sie reden von mir."
„Ja", sage ich, „ich rede von Ihnen. Und ich rede von mir: Das kleine Mädchen war nämlich ich. Deshalb will ich Ihnen einen guten Rat geben: Es sind nicht die Tabletten, die Ihrem Kind helfen."
„Ich habe verstanden", sagt er.
Ich nicke lächelnd, hole Manuel und lasse die beiden allein.
Ich weiß nicht, was Vater und Sohn an diesem Morgen besprochen haben. Doch von diesem Tag an kommt Manuel erst halbtags und nach kurzer Zeit wieder Vollzeit zur Arbeit. Inzwischen hat er seine Ausbildung bei uns mit Bravour abgeschlossen.

Ja, es hilft, wenn Sie empathisch sind. Es geht aber weniger um das Talent zur Empathie, sondern mehr um die Haltung: Wenn Sie wirklich wissen wollen, welcher Grund hinter einer Krankschreibung steckt, müssen Sie sich die Mühe machen, mit Ihren Leuten zu reden. Und zwar nicht, um ihnen ins Gewissen zu reden, sondern um sie zu verstehen. Erst danach ist es Zeit, dass Sie Ihre Schlüsse daraus ziehen.

Wenn Sie diese Haltung haben, dann fällt Ihnen die Empathie nicht schwer – auch wenn Sie sie nicht auf die extrem harte Tour gelernt haben wie ich. Denn was ich dem Vater von Manuel erzählt habe, ist wahr: Ich war das ausgestoßene kleine Mädchen.

Und zwar nicht, um ihnen ins Gewissen zu reden, sondern um sie zu verstehen.

Ich war das Kind, das auf seinem kleinen klapprigen Fahrrad an dem hochherrschaftlichen Haus vorbeiradelte und seiner Freundin sagte: *„Schau, da oben auf meinem Balkon steht meine Oma."* Und als die Freundin ungläubig schaute, rief das kleine Mädchen zur Oma hoch: *„Gell, du bist meine Oma?!"* Und die Oma rief zurück: *„Nein, deine Oma bin ich bestimmt nicht."*

Ich war das Mädchen, das hätte heulen können vor Glück, dass die Oma zwar nicht zu seiner Konfirmation kommen wollte, ihm aber eine goldene Kette schickte. Nur um zwei Wochen später zu bemerken, dass die goldene Farbe von der Kette abging. Ich dachte, meine Oma wäre betrogen worden und rief sie an. Wissen Sie, was sie mir antwortete? *„Weißt du überhaupt, was eine echte Goldkette kostet? Dann weißt du auch, dass ich dir ganz sicher keine echte Goldkette kaufen würde."* Deutlicher hätte sie mir nicht sagen können, dass ich ihr nichts wert war.

Ja, ich weiß, was es heißt, kleingemacht zu werden. Ich weiß es nur zu gut. Und deshalb weiß ich auch, dass sich jeder Mensch nach Größe sehnt. Nur wenn er sich in dieser Größe erfahren kann, wird er auch groß handeln können.

Ich kann Ihnen eines garantieren: Geben Sie Ihren Mitarbeitern Größe und klare Richtlinien, und Sie werden nicht nur den Krankenstand in Ihrem Unternehmen senken.

Trotzdem bekomme ich immer wieder zu hören, was wir denn für einen Aufwand im Umgang mit unseren kranken Mitarbeitern treiben und ob es das denn wirklich wert ist. Hallo? Wenn Sie auch nur ansatzweise ausrechnen, mit welchen Summen allein die Lohnfortzahlung auf Ihren Gewinn durchschlägt, wissen Sie, dass sich der Aufwand lohnt. Und wenn ich Ihnen noch dazu sage, dass unser Krankenstand bei Seidel im letzten Jahr auf unter drei Prozent gesunken ist, spricht das wohl für sich.

Das gilt übrigens nicht nur für den Krankenstand ...

7 Gekündigt ist nicht gleich gekündigt

Nicht nur bei Krankmeldungen, auch bei vielen Kündigungen steckt ein ganz anderer Grund dahinter, als Sie im ersten Moment vielleicht vermuten würden. So wie bei Hubert Hartel, dem Maschineneinrichter, der aus seinem langen Weihnachtsurlaub heraus kündigte. Bei Seidel ging seine Geschichte so weiter:

Hubert Hartel steht mit hängendem Kopf am Schreibtisch der Personalsachbearbeiterin und legt ihr wortlos sein Kündigungsschreiben hin. Sie nimmt das Papier und überfliegt es. Er wendet sich bereits zum Gehen, als sie sagt: „Moment noch."
Erstaunt schaut er sie an.
Sie ergänzt lächelnd: „Gehen Sie mal bitte in Frau Meiers Büro. Die möchte gerne mit Ihnen sprechen."
Er seufzt, nickt ergeben und klopft bei mir.
Ich habe ihn schon erwartet. Über gute Kollegen von Hubert Hartel ist zu meinem Team vorgedrungen, dass dieser kündigen möchte, weil ein schweres Schicksal ihn getroffen hat. Und mein Team kennt unseren Unternehmensspirit sehr gut, also haben sie mir gesagt: „Frau Meier, das ist ein Thema für Sie. Das sollten Sie sich anhören!"
Ich bitte den Mann herein, biete ihm einen Platz an und frage ihn: „Das verstehe ich nicht: Wieso wollen Sie kündigen? Was ist denn los?"
Und er fängt an zu erzählen: Er ist seit einiger Zeit alleinerziehender Vater und vor wenigen Wochen hat sich herausgestellt, dass sein kleiner Sohn eine schwere Form der Leukämie hat.
„Wissen Sie", sagt er, „mein Kind ist mir das Allerwichtigste. Ich will mich in dieser schweren Zeit um ihn kümmern. Also bleibt mir ja nichts anderes übrig, als zu kündigen. Es tut mir leid."

Ich atme tief ein, denn ein starkes Mitgefühl und auch Respekt vor seiner Haltung bewegen mich. Ich sage: „Herr Hartel, die Kündigung vergessen wir. Sie gehen jetzt nach Hause, denn ich stelle Sie erst einmal frei. Ich melde mich wieder bei Ihnen."
Wortlos vor Erstaunen nickt er, steht auf und geht.
Ich setze mich an meinen Schreibtisch und überlege nicht lange: Ich rufe den Betriebsratsvorsitzenden an und wir schreiben einen Aufruf an die Belegschaft. Wir bitten sie um Arbeitszeitspenden für Hubert Hartel.
Die Resonanz ist überwältigend: In noch nicht einmal zwei Tagen kommen sage und schreibe 3300 Arbeitsstunden zusammen, die die Kollegen dem jungen Vater spenden wollen. Damit kann sich Hubert fast zwei Jahre lang ganz um sein krankes Kind kümmern – bei fortlaufender Bezahlung.
Ich bin unglaublich gerührt von so viel Solidarität.

Sie könnten einwenden: Schöne Geschichte, aber den Mitarbeiter haben Sie ja nun doch verloren. Zum Arbeiten kommt er nun erst mal nicht. Damit hätten Sie auch recht. Aber Sie hätten zwei Dinge nicht bedacht:

Erstens wird Hubert Hartel ziemlich sicher irgendwann wieder kommen. Und ich bin zutiefst davon überzeugt, dass er sich mit noch größerem Engagement für unsere Firma einsetzen wird als vorher.

Zweitens – und das ist mir fast noch wichtiger – müssen Sie die Wirkung berücksichtigen, die diese Aktion auf die Belegschaft hatte. Es ist ein umwerfendes Wir-Gefühl entstanden. Allen wurde klar: Selbst durch die schlimmste Situation, die dir das Leben bereiten kann, gehst du leichter hindurch, wenn wir zusammenstehen. Und wir bei Seidel stehen zusammen. Das ist das, was bei den Leuten hängen geblieben ist: Ich bin hier Teil eines Ganzen. Mir wird geholfen, wenn ich es brauche. Und ich werde gebraucht, wenn wir von der Firma zusammen einem Kollegen helfen.

Selbst durch die schlimmsten Situation, die dir das Leben bereiten kann, gehst du leichter hindurch, wenn wir zusammenstehen.

Dieses Wir-Gefühl hat tatsächlich jeden in der Firma erfasst. Selbst die Mitarbeiter mit geringem Einkommen und die Azubis, die kaum über Geld verfügen, konnten einen wertvollen Beitrag leisten. Sie wissen, dass auch sie geholfen haben, dass etwas Großes zustande kommt.

Das schafft ein ungeheures Zugehörigkeitsgefühl, ein *„belonging".* So etwas können Sie mit Geld nicht kaufen, das erreichen Sie nur durch Aktionen, die aus einer bestimmten Haltung heraus erwachsen: Einer, bei der der Mitarbeiter mehr als nur Funktionsträger ist. Bei der er als Mensch gesehen wird.

Diese Wirkung hat sich übrigens nicht auf die Belegschaft beschränkt: Etwa ein Jahr später gab es ein gewaltiges Medienecho. Das entstand mehr aus Zufall heraus, denn wir hatten die Aktion nicht an die große Glocke gehängt. Ein Mitarbeiter hatte in unserer Regionalzeitung einen Artikel entdeckt, der über eine ähnliche Sache berichtete: Dort waren 300 Arbeitsstunden gespendet worden. Online kommentierte er: *„Das können wir bei Seidel auch – und zwar noch besser."* Daraufhin rief erst diese Redaktion bei uns an und schrieb einen Beitrag. Und daraufhin meldeten sich auch etliche überregionale Medien einschließlich Fernsehsender bei uns. Daher wissen nicht nur bei uns in der Region nun sehr viele Menschen, darunter auch tolle potenzielle Mitarbeiter, dass in unserer Firma vieles anders läuft als in anderen.

Ich will Ihnen allerdings nicht verschweigen, dass zu solchen Aktionen auch ein Stück Mut gehört ...

Der Preis des Respekts

„Das können Sie nicht machen, Frau Meier", sagt mir der Jurist am Telefon. *„Arbeitsleistung ist etwas, was nur höchstpersönlich erbracht werden kann. Die kann man nicht so mir nichts dir nichts verschenken. Sonst könnte ja jeder seine Oma zur Arbeit schicken. Und was ist mit dem geldwerten Vorteil? Und was werden das Finanzamt und die Rentenversicherung dazu sagen?"*

Rein auf dem Papier war unsere Spendenaktion also nicht möglich. Wen ich auch fragte, alle sagten: *„Das geht nicht."* Wir haben es trotzdem getan. Dieses beherzte Handeln war uns so viel wichtiger als Geld – und wir haben dafür ja auch etwas bekommen, was wir für Geld nicht hätten kaufen können.

Ja, es ist möglich, dass Nachzahlungsforderungen auf uns zukommen. Aber darum ging es uns in dem Moment nicht. Wenn es so weit kommt, werden wir uns damit auseinandersetzen. Wir stehen natürlich für die Konsequenzen ein. Falls wir zahlen müssen, will ich allerdings gerne vom hessischen Finanzminister, der uns eigenhändig den „Preis des Respekts" verliehen hat, persönlich hören, ob er das in Ordnung findet!

Mir ist es jedenfalls viel wert, dass unsere Mitarbeiter ein echtes Gemeinschaftsgefühl entwickelt haben – und der Wert für das Unternehmen zeigt sich auch. Zu meiner großen Freude ist unsere Fluktuation inzwischen unter 1 Prozent gesunken. Beachtlich, nicht wahr?

Doch bei aller Zugewandtheit: Ich bin nicht blauäugig. Wehe dem Iltis, der versucht, diese Haltung auszunutzen und die Firma zu erpressen ...

Klare Kante

Vielleicht kennen Sie das Tschiep-Prinzip, das die wunderbare Vera Birkenbihl geprägt hat. Sie berichtete von einem Experiment mit Enten: Diese erkennen ihre Küken ausschließlich am Tschiepen und schwimmen schnell und arglos auf dieses Geräusch zu, wann immer sie es hören. Ein Entenküken, das nicht tschiepen kann, hat deshalb verloren.

Die Forscher präparierten einen ausgestopften Iltis, den größten Feind der Enten überhaupt, mit einem kleinen Lautsprecher so, dass er dieses Tschiepen von sich geben konnte. Und die Enten fielen darauf herein. Sie nahmen den Iltis als Artgenossen in ihrer Mitte auf.

Auf diesen Effekt setzen auch immer wieder Mitarbeiter. Ich habe zum Beispiel Folgendes erlebt:

Ein Mitarbeiter, der vor einiger Zeit bei uns als Leiter eines produktionsnahen Teams eingestiegen ist, kommt zu mir und sagt: „Sie wissen, dass ich sehr gerne bei Ihnen arbeite. Ich habe aber ein Angebot bekommen, bei dem ich zwei Tage im Homeoffice arbeiten und mehr Geld verdienen kann. Ich würde schon bei Ihnen bleiben, wenn ich das hier auch machen könnte ..."

Ich bin überrascht, denn obwohl mir klar ist, dass Homeoffice, Ruheoasen und viele andere Dinge, die mit New Work aufgekommen sind, auch bei uns Einzug einhalten werden: Bei seinem Job geht Homeoffice einfach nicht. Er wird vor Ort gebraucht. Und mir ist klar, dass ihm das auch klar ist. Merkwürdig! Was spielt dieser Mitarbeiter für ein Spiel?

Ich antworte deshalb nüchtern: „Sie wissen sehr genau, dass bei uns ein Teamleiter eine wichtige Aufgabe als Vorbild hat. Und ein Teamleiter, der sich zwei Tage in der Woche ins Homeoffice zurückzieht, ist nicht das Vorbild, das wir hier in der Firma brauchen. Da geht es um Haltung!"

Ich rede mich ein bisschen in Rage, zügle mich aber wieder und schließe mit den Worten: „Um es kurz zu machen: Ich kann Ihnen dieses Homeoffice nicht bieten und deshalb wünsche ich Ihnen in Ihrem neuen Job alles Gute."

Etwas grummelnd zieht er ab, nur um kurz darauf seinen Kopf wieder durch die Tür zu stecken und zu sagen: „Liebe Frau Meier, auch wenn die Konditionen bei den anderen so verlockend sind – ich bleibe hier, weil ich so gerne bei Ihnen arbeite."

In dem Moment wird mir klar, dass er nur gepokert hatte. Mein Gefühl hatte mich nicht betrogen.

Wenn das, was Sie sagen, beim einen gilt und bei dem anderen nicht, zerrütten Sie nicht nur Ihr Verhältnis zu den Leuten.

Was passiert, wenn Sie von Ihrer klaren Linie abweichen und sich von einem Iltis Zugeständnisse abpressen lassen? Meiner Erfahrung nach wird der Iltis einige Zeit später versuchen, mit dieser Taktik noch mehr für sich herauszuschlagen. Und – was noch schlimmer ist – die anderen Mitarbeiter werden das Vertrauen in Ihr Wort verlieren. Wenn das, was Sie sagen, beim einen gilt und bei dem anderen nicht, zerrütten Sie nicht nur Ihr Verhältnis zu den Leuten. Denn Sie zeigen ihnen damit, dass auf Sie kein Verlass ist.

Sie stiften auch die anderen an, ebenfalls zum Iltis zu werden. Einer nach dem anderen packt die Ellenbogen aus, wenn der Eindruck sich verbreitet: Hier in der Firma wird nicht Ehrlichkeit und Zuverlässigkeit belohnt, sondern das rücksichtslose Pokerspiel.

Blindes Nachgeben in der Mitarbeiterführung ist deshalb genauso schädlich für Ihre Firma wie arrogante Härte. Unsere Mitarbeiter wissen, dass sie auf mein Wort ein Haus bauen können – im positiven wie im negativen. Jeweils die richtige Linie zu finden, erfordert nur eines: Dass Sie sich echt auseinandersetzen mit der inneren Motivation des Mitarbeiters, der mit der Kündigung winkt. Braucht er wirklich Ihre Hilfe oder will er Sie verarschen?

Wenn ich feststelle, dass Hilfe notwendig ist, dann helfe ich ohne Wenn und Aber.

Wenn ich feststelle, dass Hilfe notwendig ist, dann helfe ich ohne Wenn und Aber. Und wenn ich merke, dass der Mitarbeiter mich und die Firma übers Ohr hauen will, gebe ich ihm – um der anderen Mitarbeiter und unserer Firmenkultur willen – die klare Ansage, dass er das nur einmal mit mir macht.

Sie sehen: Wenn Sie in Ihren Mitarbeitern immer auch die Menschen sehen und entsprechend liebevoll und klar mit ihnen umgehen, werden Sie manchmal auch enttäuscht werden. Ich kann Ihnen aber versprechen, dass diese Enttäuschung locker aufgewogen wird durch das, was Sie gewinnen. Die ganz große Mehrheit Ihrer Mitarbeiter wird voll hinter Ihnen und hinter Ihrem Unternehmen stehen.

Und die Iltisse werden mit der Zeit auch immer weniger ...

8 Versagen ist nicht gleich Versagen

In die Kategorie Iltis fällt für mich neben dem Mitarbeiter, der für sich eine Extra-Wurst erschleichen möchte, auch der echte Low Perfomer oder C-Mitarbeiter: Der tut nämlich nur so, als wäre er ein Mit-Arbeiter. Tatsächlich aber legt er sich zulasten der anderen auf die faule Haut. Ja, solche Leute gibt es und die kriegen Sie auch mit Geld und guten Worten nicht gedreht. Ich müsste allen anderen Mitarbeitern und vor allem den Leistern gegenüber ein schlechtes Gewissen haben, wenn ich denen nicht – menschlich wertschätzend, aber in der Sache deutlich – sage: *„Die Art und Weise, wie Sie mit unserer Firma umgehen, passt nicht in unsere Kultur. Ich möchte, dass Sie sich einen anderen Job suchen."*

Vorher aber muss ich mir angeschaut haben, ob ich tatsächlich einen echten C-Mitarbeiter vor mir habe. Oder ob es andere Gründe dafür gibt, dass dieser Mitarbeiter nicht die Leistung bringen kann, die die Firma von ihm erwarten darf. So wie bei dem 61-jährigen Produktionsmitarbeiter, der es auf 130 Fehltage gebracht hatte:

Erwin Gatzke soll nach einer erneuten längeren Krankheitspause über ein betriebliches Eingliederungsmanagement in seinen alten Job einsteigen. Ich spreche mit ihm darüber, was das heißt, und sage ihm auch: „Herr Gatzke, ich würde gerne erfahren, ob Ihre Krankheitsgeschichte etwas mit Ihrem Arbeitsplatz oder unserer Firma zu tun hat." Und Herr Gatzke fängt an zu erzählen: „Frau Meier, ich bin sowas von unglücklich. Der Arbeitsplatz passt überhaupt nicht zu mir. Und bei jeder Arbeit, die mir der Chef gibt, wird klar: Er glaubt, dass ich nichts kann und nichts wert bin. Mit meinen Kollegen komme ich auch nicht klar. Es ist alles nur furchtbar."
Ich überlege einen Moment. Dieser Mann wirkt auf mich gar nicht so verkehrt, wie er mir geschildert worden ist. Deshalb antworte ich ihm: „Passen Sie auf, ich mache Ihnen einen Vorschlag. Ich versetze Sie an einen anderen Arbeitsplatz in einem anderen Werk.

Und Sie schauen mal, wie es Ihnen dort gefällt. Einverstanden?"
Er bekommt leuchtende Augen und nickt nur.
Herr Gatzke hat danach bis zu seiner regulären Berentung keinen einzigen Tag mehr gefehlt, sein neuer Vorgesetzter war begeistert.

Hat ein Mitarbeiter, aus welchen Gründen auch immer, erst einmal den C-Stempel weg, behandeln ihn seine Vorgesetzten und Kollegen dementsprechend. Sie trauen ihm nichts mehr zu und irgendwann traut er sich selbst vielleicht auch nichts mehr zu. Machen Sie es sich dann als Geschäftsführung leicht und verlassen sich nur auf das Urteil, das Sie vom Hören-Sagen kennen, haben Sie keine Chance, den echten vom vermeintlichen Low Performer zu unterscheiden.

Entlassen ist schnell jemand. Mag sein, dass Sie ihn vor Gericht schnell wieder zurück haben, aber besser wird die Situation dadurch auch nicht. Können Sie dagegen durch ein einziges Mal Hinschauen die Welt für den Mitarbeiter und für die Firma zum Guten verändern, ist das doch das Beste, was Ihnen passieren kann, oder?

Das ist Ihr Job als Leader: Das Umfeld für die Mitarbeiter, die leisten wollen, so zu organisieren, dass sie das auch können. Dafür braucht es Herz und Verstand, aber das gehört für mich zum Leadership dazu.

Dafür braucht es Herz und Verstand. Das gehört zum Leadership dazu.

Solche Veränderungen kommen nicht mit einer Erfolgsgarantie, auch wenn Sie es noch so gut meinen. Dann ist wieder Ihre Konsequenz gefordert zu sagen: *„Ich habe Ihnen die Chance gegeben, aber an dem neuen Arbeitsplatz ist es wieder das Gleiche. Wir können nicht die ganze Firma nach Ihren Wünschen ausrichten."* Stellt sich nämlich heraus, dass Sie es doch mit einem Querulanten zu tun haben, müssen Sie dem sagen: *„Suchen Sie sich eine Firma, in der Sie sich so benehmen können, und wir suchen uns einen Mitarbeiter, der in unsere Kultur passt."* Da ist Klarheit Ihrerseits gefragt.

Die Klarheit und die Konsequenz kann aber auch ganz andere Folgen als die Trennung von dem vermeintlichen C-Mitarbeiter haben, wie dieser Fall zeigt:

„Die ist strohdoof", hatte mir gegenüber der Ingenieur Florian Wilk über seine Mitarbeiterin Ayse Yildiz gesagt.
Frau Yildiz war vor einigen Jahren als Produktionsmitarbeiterin zu uns in die Firma gekommen. Sie ist eine fleißige, zuverlässige, zurückhaltende Frau, die ihre Aufgaben stets mit großer Sorgfalt erledigt.
Eines Tages hatte sie mir ihre Geschichte anvertraut: Sie stammt aus Anatolien und war mit 13 Jahren an einen deutlich älteren Mann zwangsverheiratet worden. Er hatte sie nach Deutschland gebracht, sehr bald bekam sie ihr erstes Kind. Doch sie fühlte sich extrem unglücklich in der Ehe und in der verordneten Häuslichkeit. Und irgendwann nahm sie all ihren Mut zusammen und verließ ihren Mann. Ihren Sohn nahm sie mit und schlug sich seither als alleinerziehende Mutter in diesem ihr fremden Land durch. Aber Ayse ist zäh. Sie hat es geschafft, den Job bei uns zu bekommen und ihren Sohn zu einem grundanständigen Menschen zu erziehen.

Sie hatte ihre Aufgaben in der Produktion so gut bewältigt, dass ich ihr gerne ihren Wunsch erfüllte, aus der Werkhalle zu einem Arbeitsplatz ins Office zu wechseln. Gerade sitzt sie mit ihrem Sohn bei uns im Besprechungsraum, denn der junge Mann wird einen Ausbildungsvertrag bei uns unterschreiben. Schon als ich reinkomme, sehe ich, dass sie sich ein weißes Tuch rechts vor das Gesicht hält. Meine Mitarbeiterin hat mir vorher schon zugeflüstert, dass Frau Yildiz seit vier Wochen krankgeschrieben ist. Ich gehe auf sie zu und frage ehrlich besorgt: „Um Gottes Willen: Haben Sie ein Veilchen?" Ganz langsam lässt sie das Tuch sinken. Ich sehe sofort die Bescherung: Ihre rechte Gesichtshälfte hängt kraftlos herunter, ein bisschen Spucke rinnt aus ihrem Mundwinkel. In dem Moment fängt sie bereits an zu weinen.
„Ich würde gerne alleine mit Ihnen sprechen", sage ich und schicke ihren Sohn vor die Tür. Als er draußen ist, setze ich mich neben sie und frage: „Was ist denn los mit Ihnen?" Sie schluchzt. Das Sprechen fällt ihr wegen der Lähmung schwer, aber sie nuschelt heraus: „Frau Meier, darf ich bitte wieder in der Produktion arbeiten? Ich habe gemerkt, dass ich so wenig kann. Da im Büro bin ich nicht gerade wertvoll."
Ich schnappe nach Luft und erwidere: „Wie kommen Sie denn darauf? Wollen Sie mir erzählen, dass Sie, die Sie Ihre eigene Geschichte so großartig gemeistert haben, diesen Job nicht können? Ich bin mir hundertprozentig sicher, dass Sie das schaffen."

„Ich muss aber so viel fragen. Sooft ich den Herrn Wilk etwas frage, sagt der zu mir: ‚Wenn‘ du das arbeiten willst, musst du das halt lernen. Aber nicht bei mir, ich helfe dir nicht. Dafür habe ich nicht studiert!'" erzählt sie mir unter Schluchzen.

Ich spüre, wie sich meine Nackenhaare aufstellen, aber ich antworte ihr ruhig: „Wissen Sie was? Sie gehen jetzt nach Hause und kurieren sich aus. Und ich verspreche Ihnen, wenn Sie wiederkommen, werden Sie nie, nie wieder so behandelt. Ich weiß noch nicht, was ich mache, und ich weiß auch noch nicht, was sich ändern wird, aber ich garantiere Ihnen, dass sich etwas ändert."

Als sie gegangen ist, bitte ich Herrn Wilk zum Gespräch. Auf meine Frage, wie es ihm bei uns gefällt, sagt er: „Sehr, sehr gut. Ich gehe fachlich voll auf. Das Einzige, was mir nicht gefällt: Die Frau Yildiz, die Sie mir da in mein Büro gesetzt haben. Die ist so strohdoof. Ich habe nicht studiert, damit ich der beibringe, was sie morgen arbeiten soll."

„Bitte erzählen Sie mir doch, wie so eine Situation abläuft", ermuntere ich ihn, mir seine Sicht der Dinge zu schildern.

Denn erfolgreiche Menschen haben etwas in der Birne und im Herzen.

Er gibt mir verschiedene Beispiele und jede der Begebenheiten kommentiert er mit Worten wie: „Wissen Sie was, Frau Meier? So eine Mitarbeiterin beleidigt mich in meiner Intelligenz." Oder „Da habe ich studiert und muss mich jetzt mit Menschen von so niedrigem IQ abgeben."

Ich spreche volle zwei Stunden mit ihm und mir wird immer deutlicher: Hier geht es nicht um ein Verhalten, über dessen Veränderung wir vielleicht reden könnten. Das was er sagt, entspringt seiner Haltung. So ist die Einstellung seines Herzens!

„Aha", sage ich schließlich zu ihm, noch beherrscht. „Ich gebe Ihnen einen Tipp: Sie sind von einer anderen Position aus ins Leben gestartet. Sie konnten studieren. Wie schön für Sie. Ich sage Ihnen aber auch: Erfolg folgt nicht Titeln, Erfolg folgt Menschen! Und wenn Sie ...", meine Stimme wird ein bisschen lauter, „ab morgen Ihr fachliches Know-how nicht damit verknüpfen können, andere Menschen, die noch nicht so viel können wie Sie, upzuliften und ihnen beizustehen, also morgen wieder der Blödmann zur Arbeit kommt, der mir hier gerade gegenüber sitzt, dann kann ich Ihnen versichern: Wir werden in drei Monaten nicht mehr in der gleichen Firma arbeiten. Aber ich bleibe bei Seidel."

Er schaut mich an wie vom Donner gerührt.

Ich bin aber noch nicht fertig: „Sind Sie also der Meinung, dass Sie den Blödmann nicht daheim lassen können, dann würde ich mir an Ihrer Stelle ganz schnell einen anderen Job suchen. Denn erfolgreiche Menschen, die bei Seidel arbeiten, haben etwas in der Birne und im Herzen. Für alles andere haben wir Roboter!"
Am nächsten Tag habe ich seine Kündigung auf dem Tisch und gratuliere ihm und mir zu diesem Entschluss.

Andere Geschäftsführer würden wahrscheinlich die Hände über dem Kopf zusammenschlagen – einen Ingenieur vor die Tür zu setzen, wo es doch so wenige gibt. Ich muss Ihnen ganz ehrlich sagen: Darüber habe ich keine Sekunde nachgedacht. Für mich steht außer Frage, dass – egal welchen Abschluss jemand hat – immer dazu gehört, was derjenige in der Firma mit diesem Abschluss macht. Und es ist die Verantwortung eines Mitarbeiters mit höherem Abschluss, nicht auf andere einzutreten, nur weil sie weniger wissen.

Ich bin nämlich fest davon überzeugt, dass es keinen Fachkräftemangel gibt, sondern nur einen Managerkompetenzmangel! Ich bin nämlich fest davon überzeugt, dass es keinen Fachkräftemangel gibt, sondern nur einen Managerkompetenzmangel! Ich habe keine Angst, dass ich keine Mitarbeiter finde. Wenn ich okay bin, dann kommen auch die Menschen zu mir, die okay sind. So einfach ist das! Und wir haben Bewerbungen mehr denn je ...

Von den zehn Mitarbeitern an Schlüsselpositionen, die in den letzten fünf Jahren aus freien Stücken von Seidel weggegangen sind, um über den Tellerrand zu schauen, sind acht wiedergekommen. Acht!

Deshalb bin ich mehr denn je der Meinung, dass es sich lohnt, mit den so genannten Low Performern zu reden und danach konsequent zu handeln. Egal in welche Richtung. Und kommen Sie mir nicht damit, dass bei Ihnen keiner Zeit für solche Gespräche hat. Das glaube ich nicht, selbst wenn Sie 1.000 Mitarbeiter führen. Schließlich braucht Sie nicht jeder von den 1.000, sondern es brauchen Sie vielleicht gerade mal 50. Und sehen Sie sich nicht in der Lage, 50 Gespräche zu führen – tut mir leid –, dann sind Sie vielleicht auch nicht in der Lage, 1.000 Mitarbeiter zu führen.

Mitarbeiter brauchen eine liebevoll-konsequente Führung, damit möglichst alle Performer sein können, egal ob sie ganz oben oder ganz unten im Unternehmen arbeiten. Damit schneide ich auch gleich das nächste Thema an: Was heißt hier „*ganz unten*"?

9 Ganz unten ist nicht gleich ganz unten

Wer steht bei Ihnen im Unternehmen ganz unten? Ich meine nicht von der Hierarchie her, sondern eher vom Gefühl her. Wer fühlt sich kleingemacht, in die Ecke gedrängt oder deutlich unter Wert behandelt?

Hoffentlich keiner, denn das ist wahnsinnig gefährlich. Wer sich klein fühlt, kann nämlich niemanden anderen groß sein lassen. Er muss alles daran setzen, Menschen in seiner Umgebung ebenfalls klein zu machen, um wenigstens relative Größe zu erlangen. So wächst die Zahl der Mitarbeiter, die sich kleingemacht fühlen und andere klein machen.

Das heißt, diese Kultur hat einen fatalen Hang, sich von selbst auszubreiten – außer Sie setzen aktiv etwas dagegen.

Doch meiner Erfahrung nach nützt es nichts, wenn Sie dem, der sich klein fühlt, vorwerfen, dass er klein ist und deshalb andere klein macht. Er muss selbst erkennen, dass das, was er tut, ein Zeichen von Kleinheit ist. Und dass er bei sich selbst anfangen muss, dagegen etwas zu tun. So wie in der Geschichte mit dem unsäglichen Aushang am Kühlschrank, die nämlich bei uns bei Seidel so weiterging:

Einer meiner Mitarbeiter bringt mir den anonymen Zettel aus dem Aufenthaltsraum und sagt: „Lesen Sie das mal, Frau Meier."
Meine Augen werden immer größer: Da steht etwas von „Menschenmüll", „Drecksau" und „Nimm dir doch einfach selber das Leben!" Zorn steigt in mir hoch.
„Ich möchte sofort wissen, wer das geschrieben hat!", sage ich zu meinem Mitarbeiter, der noch bei mir steht.
Keine zehn Minuten später kommt der Meister der entsprechenden Abteilung zu mir und sagt: „Ich weiß, wer es war: der Eugen Tozak."

„Danke", sage ich zu ihm, „bitte führen Sie mit ihm umgehend ein Gespräch. Machen Sie ihm klar: So geht es nicht! Er muss einsehen, dass er sich im Ton vergriffen hat und sich entschuldigen. Wenn Sie aber erkennen, dass er das aus einer inneren Haltung heraus geschrieben hat, dann passt er leider nicht zu uns und muss gehen."
Der Meister seufzt, weil Eugen Tozak eine Top-Fachkraft ist – den würde er nur ungern verlieren. Aber er nickt und geht.
Eine halbe Stunde später steht er wieder bei mir: „Ich habe dem Eugen gesagt, dass er diesen Ton lassen soll. Aber der ist voll auf 180. Er sagt, dass er gar nicht einsieht, dass er jetzt auf einmal der Täter sein soll, wo er doch das Opfer ist. Und wenn wir schon gegen den Diebstahl nichts unternehmen, sollen wir ihm wenigstens seine Getränkedosen ersetzen. Können Sie bitte mit ihm reden?"
„Ja, kann ich machen. Haben Sie ihn fragen können, warum er den Brief in diesem Ton geschrieben hat?", frage ich den Meister.
„Nein, der hat mich gar nicht zu Wort kommen lassen", antwortet er.
„Na ja, vielleicht wollte er das erst mal loswerden. Aber jetzt holen Sie bitte Herrn Tozak und wir führen das Gespräch zusammen", erwidere ich.
Als die beiden wieder da sind, frage ich Herrn Tozak: „Sie wissen, warum Sie bei mir sind?"
„Klar, weiß ich das!", poltert er los. „Ich kriege von Ihnen 20 Euro. So viel haben nämlich die Dosen gekostet, die mir geklaut worden sind. Das kann ja wohl nicht sein, dass der Firma das egal ist, dass hier geklaut wird!"
„Moment", sage ich, „sagen Sie mir doch erst einmal, was passiert ist."
„Sieben Dosen Red Bull sind mir aus dem Kühlschrank geklaut worden", anklagend schaut er mich an und wiederholt: „Sieben!"
„Sieben Dosen?", frage ich zurück. „Dann kann ich nachvollziehen, dass Sie sich ärgern."
„Genau!", sagt er halb triumphierend, halb vorwurfsvoll. „Tolle Firma, ne? Alle predigen hier was von gutem Umgang und dann das."
„Wissen Sie, was, Herr Tozak? Sie haben vollkommen recht", antworte ich ihm.
Er reißt die Augen auf. Das hat er nicht erwartet.
„Wir beide", fahre ich fort, „sitzen im gleichen Boot. Wir werden jeden Tag beklaut. Wissen Sie, dass es Mitarbeiter gibt, die neben Ihnen in der Raucherecke stehen und nicht ausgestochen haben?"
Er schaut mich an und antwortet zögernd: „Ja."
„Und? Ist das Diebstahl?", will ich von ihm wissen.

Er überlegt kurz und sagt wieder: „Ja."
„Gell, das ist aber nicht so schlimm, weil es nicht Ihr persönliches Geld ist?!", sage ich.
Er schweigt.
Also fahre ich fort: „Ja, wir werden hier jeden Tag beklaut. Nicht nur um Arbeitszeit, sondern auch um Klopapier, Wasserkästen, Kulis, Schraubenzieher. Und das wissen hier alle. Aber keiner findet es so richtig schlimm, weil es ja nur die Firma ist, die bestohlen wird."
Er runzelt die Stirn und schweigt weiter.
„Ich habe eine schlechte Nachricht: Alles, was unsere Mitarbeiter der Firma stehlen, stehlen sie indirekt Ihnen. Das ist Geld, das ich am Ende des Jahres nicht an Sie verteilen kann."
Er ist sichtlich nicht mehr auf 180. Er versteht, dass die Firma mit den gleichen Problemen kämpft wie er: Diebstahl ist der Firma nicht egal. Weder muss er sich von dem Dieb kleingemacht, noch vom Unternehmen im Stich gelassen fühlen. Kein Grund, den Dieb in übelster Weise seinerseits kleinzumachen.
Ich gebe ihm einen kurzen Moment, bevor ich sage: „Und jetzt möchte ich Ihnen noch etwas spiegeln: Sie haben einen Brief aufgehängt, der an ein „Stück Menschenmüll" gerichtet ist, weil Sie bestohlen worden sind. Ich könnte für die Firma jeden Tag einen solchen Brief hier aufhängen: Was würden Sie dazu sagen?"
Er protestiert: „Das wäre ja wohl nicht angemessen!"
„Moment mal", sage ich scharf, „Sie dürfen sich so ausdrücken und ich nicht?"
„Na ja", sagt er gedehnt, „Sie sind schließlich die Geschäftsleitung."
„Aha", antworte ich, „das heißt, Sie dürfen Emotionen haben und ich nicht?"
Er brummelt nur.
„Und ich möchte Ihnen noch etwas spiegeln", ergänze ich. „Stellen Sie sich folgende Situation vor: Morgen früh kommen Sie in die Firma und Sie hören von Ihren Kollegen: ‚Du, übrigens, der XY hat sich das Leben genommen. Er hat deine Dosen geklaut und in seinem Abschiedsbrief steht, dass er sich deinetwegen nicht mehr in die Firma traut. Und dass er sich deshalb lieber umbringt – so wie du es ihm geraten hast.' Herr Tozak: Wie fühlt sich das an für Sie?"
Er antwortet: „Ja, scheiße natürlich!"
„Warum?", frage ich ganz ruhig.
„Natürlich will ich nicht, dass der sich das Leben nimmt!"
„Heißt das, ich darf Sie nicht ernstnehmen, Herr Tozak?", hake ich nach. „Sie sagen und schreiben nicht, was Sie meinen?"
Seine Augen wandern hin und her, sein Mund klappt auf und wieder zu.

Ich fahre fort: „Ich habe übrigens ein Problem: Als ich den Brief gelesen habe, habe ich gesagt, dass der Schreiber sofort dieses Unternehmen verlassen wird. Und jetzt meine Frage an Sie: Wollen Sie überhaupt noch hier arbeiten? Wo hier doch gestohlen wird? Wo sich Drecksäue das Leben nehmen sollen?"
Er ist inzwischen rot angelaufen und presst nur noch heraus: „Ich will hier schon gerne weiterarbeiten."
„Herr Tozak, ich habe Sie bisher stets als guten Mitarbeiter und als netten Menschen geschätzt. Ich habe mich gefreut, weil Sie mir so freundlich zugewinkt haben, wann immer ich vorbei kam. Deshalb hat es mich tatsächlich persönlich schwer getroffen, als ich erfahren habe, dass ausgerechnet Sie diesen Brief geschrieben haben. Ich war echt erschüttert, das hätte ich nicht von Ihnen erwartet."
Bei diesen Worten wird er immer kleiner in dem Sessel mir gegenüber, knetet seine Hände und sagt schließlich kleinlaut: „Frau Meier, ich habe mich im Ton vergriffen. Es tut mir leid."
Eugen Tozak hat sich inzwischen öffentlich entschuldigt, an 20 verschiedenen Orten in der Firma hat er sein Schreiben inklusive Unterschrift aufgehängt. Ein weiterer Aushang mit Beschimpfungen ist seither nicht aufgetaucht.

Eine Kultur des gegenseitigen Kleinmachens schadet Unternehmen. Ganz abseits von Prozessen können sich hier Schwierigkeiten anbahnen, mit denen Sie als Geschäftsführung nicht glücklich sein können. Um diese Anbahnung mitzubekommen und rechtzeitig aktiv zu werden, müssen Sie allerdings nah an den Menschen dran sein. Dann kommen die Menschen auch zu Ihnen!

Eugen Tozak hat inzwischen seine Haltung so verändert, dass er vieles, was er früher mitgemacht hat, jetzt missbilligt und das auch laut ausspricht. Ich finde es toll, wenn Mitarbeiter Rückgrat haben, ihre Kollegen selbst darauf aufmerksam zu machen, wenn etwas nicht in Ordnung ist. Es geht mir darum, dass alle Mitarbeiter verstehen, dass es auch *ihre* Firma ist und *ihr* Gewinn, von dem sich jemand ein Stück unter den Nagel reißt. Und dass sich jeder vom ersten Tag bei Seidel groß fühlen kann – so groß, dass er keinen anderen kleinmachen muss.

Riesengroß

Unter anderem deshalb gestalten wir den ersten Tag unserer neuen Azubis bei Seidel auf eine ganz besondere Weise. Denn die steigen nominell ganz unten ein – entsprechend unsicher und fremd fühlen sie sich zu Beginn. Wir haben uns überlegt, wie wir diesen jungen Menschen von Anfang an das Gefühl geben können, dass sie ein anerkannter Teil dieser Gemeinschaft sind.

Herausgekommen ist eine Aktion, die für viel Aufmerksamkeit auch in der überregionalen Presse gesorgt hat: Im Vorfeld haben wir alle unsere Mitarbeiter in einer Umfrage gebeten, uns die Werte zu nennen, die ihnen bei Seidel am wichtigsten sind. Dann haben wir im Baumarkt Holz, Werkzeug, Nägel und Farbe besorgt und für den Tag bereit gestellt, an dem die neuen Azubis bei uns anfangen sollten. Und ich habe alle Ausbilder, alle Azubis aus dem zweiten und dritten Lehrjahr sowie unser Topmanagement gebeten, sich diesen Tag freizuhalten.

Am Morgen trafen wir uns mit unseren Neuankömmlingen – da standen dann fast 70 Leute zur Begrüßung. Wir losten Fünfer-Teams aus neuen und alten Azubis, aus Ausbildern und Führungskräften zusammen. Diese machten sich an die Aufgabe, für die Top-Fünf unserer Unternehmenswerte riesige Buchstaben auszusägen, zusammenzuzimmern und anzumalen. Am Nachmittag stellten wir die Lettern dann gemeinsam gut sichtbar auf unserem Werksgelände auf. Jeder, der zu uns kommt oder auch nur hier vorbei fährt, kann sie immer noch sehen.

Sie glauben nicht, wie toll dieser Tag für die Azubis war. Sie konnten sofort im Team anpacken und durften gleich schon einige Mitarbeiter intensiver kennenlernen. Dieses Gefühl von „*belonging*" bei Seidel begleitet sie also vom ersten Tag an. Und heute noch sehen sie jeden Tag ihr Werk vor unseren Hallen stehen. Sie sollen und dürfen sich groß fühlen, denn wir wollen große Mitarbeiter.

Der Erfolg gibt uns auch bei dieser Strategie recht: Zwischen 80 und 90 Prozent unserer Azubis bleiben nach ihrer Ausbildung bei uns. Und um die 70 Prozent unserer Führungskräfte sind „*Eigengewächse*": Sie haben bei Seidel gelernt und sind hier groß geworden.

All diese Erfolge haben auch damit zu tun, dass bei uns Nähe mit zum Konzept gehört. Nicht nur von den Mitarbeitern zum Unternehmen, sondern auch von den Führungskräften zu den Mitarbeitern. Warum gerade diese Nähe so wichtig ist, darum geht es im nächsten Kapitel ...

10 Nichts gesagt ist nicht gleich nichts gesagt

„Herr Hepp, meine Mitarbeiter haben mich informiert, dass Sie Ihre 15 Tage Resturlaub aus dem Vorjahr auf Ihr Zeitkonto gut geschrieben haben möchten. Es tut mir leid, aber ich möchte Ihren Antrag nicht genehmigen", sage ich dem Mitarbeiter, den ich zum Gespräch gebeten habe.
Ärgerlich runzelt er die Stirn: „Ei, warum denn nicht? Nehmen kann ich den Urlaub schließlich nicht, denn meine Abteilung kann mich gerade nicht entbehren."
Ich habe vorab mit dem Abteilungsleiter gesprochen: Der sagt, dass sie ihn die nächsten sechs Wochen nicht dringend brauchen. Der Mitarbeiter sei im vergangenen Jahr eh nicht wirklich planbar gewesen.
Ich nicke trotzdem und sage: „Das will ich Ihnen gerne erklären. Herr Hepp, wir kennen uns jetzt seit fünf Jahren, also seit Sie bei uns angefangen haben. Die ersten beiden Jahre, als Sie noch den befristeten Vertrag hatten, haben Sie mich und Ihre Kollegen wirklich begeistert: Sie haben viele Sonderschichten gefahren, haben keinen Tag gefehlt. Und natürlich haben wir Sie sehr gerne in das unbefristete Arbeitsverhältnis übernommen."
Er grinst und hebt die Hand, als wolle er sagen: Ja, eben.
Ich fahre fort: „Aber seit Sie fest angestellt sind, werden die Krankheitstage jedes Jahr mehr. Sie fehlen uns auffällig oft an einzelnen Tagen vor oder nach dem Wochenende. Und unerklärlicherweise erkranken Sie auch immer in den Betriebsferien, die wir im Sommer haben. Regelmäßig kommt danach Ihre Krankmeldung ins Haus geflattert, so dass Ihnen diese beiden Wochen wieder gut geschrieben werden. Möchten Sie mir dazu etwas sagen?"
Ich weiß, dass Alexander Hepp keine kleinen Kinder mehr hat und dass er seinen Urlaub deshalb lieber außerhalb der Schulferien nimmt.
Er aber zuckt nur mit den Schultern und sagt: „Kann ich doch nichts dafür."
Ich ergänze: „Und, Herr Hepp, ich habe auch erfahren, dass Sie keine Sonderschichten mehr einlegen, mit denen Sie Ihre Minusstunden hereinholen könnten, die Sie durch Ihre häufigen Rauchpausen aufgebaut haben. Was hält Sie davon ab?"

Ein Mitarbeiter hat mir zugetragen, dass Alexander Hepp in der Raucherecke damit prahlt: „Die Flitzpiepen sehe ich unter der Woche schon genug. Ich komme nicht auch noch am Wochenende."
Er antwortet jedoch knapp: „Keine Zeit."
Ich nicke und sage ruhig: „Ich habe nicht mehr den Eindruck, dass Sie für unser Unternehmen die Extrameile gehen. Deshalb möchte das Unternehmen auch für Sie diese Meile nicht mehr zurücklegen. Und wenn Sie wollen, dürfen Sie Ihren Kollegen gerne genau das als Begründung sagen, warum ich Ihren Antrag nicht genehmigt habe. Angesichts Ihres angeschlagenen Gesundheitszustands tut Ihnen ein Erholungsurlaub gerade jetzt sicher gut. Und machen Sie sich wegen Ihrer Minusstunden keine Sorgen, ..."
Erwartungsvoll sieht er mich an.
„... wir ziehen Ihnen einfach pro Monat 20 Minusstunden vom Gehalt ab. Da Sie keine Sonderschicht arbeiten möchten, sollte Ihnen das entgegenkommen. Können Sie das nachvollziehen?"
Er überlegt kurz und nickt dann widerwillig.

Am nächsten Tag legt mir mein Mitarbeiter den Antrag von Miranda Kuczinski vor, die ebenfalls ihre 15 Tage Resturlaub auf das Zeitkonto übertragen lassen möchte. Auch bei ihr: 100 Krankheitstage und 100 Minusstunden. Und doch liegt ihr Fall anders.
Ich weiß, dass die Mitarbeiterin gefehlt hat, weil sie Krebs hat. Und ich weiß, dass es ihr sehnlichster Wunsch ist, wieder gesund zu werden. Sie will unbedingt ihre Wiedereingliederung machen, wieder zur Arbeit kommen und sich endlich nicht mehr krankschreiben lassen müssen. Sie sagt: „Dieses Krankschreibenlassen macht etwas mit mir. Ich will nicht mehr auf einem Schein lesen müssen, dass ich krank bin. Ich will gesund sein!"
Sie kommt zu mir und sagt: „Frau Meier, ich möchte die ambulante Therapie, die ich noch machen muss, aufs Arbeitszeitkonto machen. Wenn ich zum Arzt gehe, will ich mir keinen Krankenschein geben lassen, sondern setze meine Stunden dafür ein."
Schon ihre jetzigen 100 Minusstunden sind nur dadurch entstanden, wie ich weiß. Ich hätte sie dafür durchaus freigestellt, aber das wollte sie nicht. Sie will nichts geschenkt, sie will der Firma etwas zurückgeben. Theoretisch könnte sie ihre Minusstunden durch Sonderschichten ausgleichen, doch dazu fehlt ihr noch die Kraft.
Ich genehmige Miranda Kuczinskis Antrag sofort.

Hätten Sie Alexander Hepps Antrag genehmigt? Oder hätten Sie Miranda Kuczinskis abgelehnt, weil Sie ja schon den Antrag von Herrn Hepp abgelehnt haben?

Ich gebe bei Seidel samstags für interessierte Mitarbeiter Seminare. Ich schildere dabei unter anderem diesen Fall – natürlich anonymisiert und dezidiert aus meiner Warte. Ich habe es noch kein einziges Mal erlebt, dass ein Teilnehmer sagt: *„Dann hätten Sie diesem Hepp die Stunden aber auch gutschreiben müssen."* Alle, die den menschlichen Hintergrund kennen, sind der Meinung, dass die scheinbare Ungerechtigkeit gerecht war. Auch der Betriebsrat, vor den ich wegen dieser Sache zitiert wurde, obwohl dessen Mitglieder in der Regel meinem Urteil vertrauen, weil sie wissen, dass ich nicht willkürlich entscheide.

Ich bin ganz klar der Meinung: Außergewöhnliche Situationen erfordern außergewöhnliche Entscheidungen.

Außergewöhnliche Situationen erfordern außergewöhnliche Entscheidungen.

Wenn ich sehe, dass eine Entscheidung Unruhe ins Unternehmen bringen könnte, achte ich ganz besonders darauf, die Sache so weit wie möglich aufzuklären. Ich lasse es nicht auf mir sitzen, dass mir üble Dinge nachgesagt werden. Und ich gebe den Mitarbeitern stets die Chance, mir zu sagen, ob ich in ihren Augen richtig oder falsch gehandelt habe.

Hätte ich nichts gesagt, weder zu dem Mitarbeiter noch zum Betriebsrat, hätte ich sowieso nicht *„nichts gesagt"*. Ich hätte zum Ausdruck gebracht, dass ich es nicht für nötig halte, die Menschen miteinzubeziehen. Und ich hätte zugelassen, dass alles Mögliche über mich und die Firma gesagt wird. Nichts sagen führt ja nicht dazu, das keiner etwas sagt. Es wird nur das Falsche gesagt und das kann dem Unternehmen massiv schaden.

Wenn Sie mit den Menschen nicht reden und den Kontakt nicht suchen, legen Sie es geradezu darauf an, selbst nicht zu verstehen und selbst missverstanden zu werden.

Ich kenne viele Personalleiter und Geschäftsführer, die meinen, es ist nicht wichtig, Beziehungen zu ihren Mitarbeitern aufzubauen. Sie glauben, dass sie mit dem, was in der Personalakte steht, schon genug wissen. Klar steht da drin, ob der Mitarbeiter geschieden ist, ob er Kinder hat, ob bei ihm eine Pfändung läuft.

Das reicht vielen schon. Doch das eigentlich Spannende liegt unterhalb dieser Oberfläche: Warum ist er nicht mehr verheiratet? Wie geht es seinen Kindern? Was hat zu der finanziellen Schieflage geführt?

Hinter solchen Daten stehen immer Geschichten, doch die meisten interessieren sich nur für den Fakt: „*Du, Mitarbeiter, hast schon eine Pfändung und jetzt kommt noch eine zweite? Sorry, das kann sich eine Firma nicht erlauben, wir müssen uns leider trennen.*" Dann hat der Mitarbeiter nicht nur das Problem der Pfändung, sondern auch, dass er die nicht mehr lange bedienen kann. Und die Spirale setzt ihren Abwärtstrend weiter fort.

Wenn Sie dagegen wissen, warum es so weit gekommen ist und wohin der Mitarbeiter in Zukunft möchte, dann können Sie an dem Umstand etwas ändern. Sie können ihm gegebenenfalls eine Chance geben. Das klappt natürlich nicht immer, aber wenn es klappt, haben Sie einen Mitarbeiter, der für Sie durch's Feuer geht. Der in voller Loyalität und Integrität für Sie arbeitet.

Wer nichts weiß, muss alles glauben.

Doch „*in Beziehung treten*" ist keine Einbahnstraße: Nicht nur Sie brauchen ein klareres Bild von den Menschen, die Ihre Mitarbeiter sind, sondern die Mitarbeiter brauchen auch ein Bild von Ihnen als Mensch. Wenn Führungskräfte auf Distanz bleiben und möglichst wenig von sich preisgeben, dann schüren sie nur den Raucherecken-Effekt: Wer nichts weiß, muss alles glauben. Die Menschen machen sich ein Bild von Ihnen – ob Sie wollen oder nicht. Und verschaffen Sie ihnen keine Klarheit, indem Sie sich offen zeigen, dann entsteht ein Bild, auf das Sie keinen Einfluss haben.

Tatsächlich haben Mitarbeiter oft Angst vor Führungskräften, allein weil die in einer leitenden Position sind. Als ich gerade frisch zur Personalleiterin ernannt worden war, haben sich die Mitarbeiter lieber hinter ihren Maschinen versteckt, wenn ich durch die Firma gelaufen bin. Oder ich hörte vom Betriebsrat: Die Frau XY würde gerne mit Ihnen sprechen, aber sie traut sich nicht. Das lag nur am Titel. Die Leute kannten mich ja noch gar nicht. Also sahen sie nur die Macht, die mein Titel transportierte.

Heute dagegen sagt mein Team oft: „*Frau Meier, könnten Sie heute auf dem Weg zu uns außen herum statt durch die Hallen laufen? Sie werden doch so oft angesprochen und dann dauert das, bis Sie bei uns ankommen …*" Ja, es ist richtig: Auf mich kommen dauernd Mitarbeiter zu. Sie wollen mit mir sprechen, mich umarmen, sich bedanken für den Blumenstrauß, den wir ihnen zur Geburt des ersten Kindes geschickt haben. Auch wenn es viel Zeit kostet: Ich mache das sehr gerne. Ich will ansprechbar sein!

Natürlich freuen sich nicht alle Mitarbeiter, wenn ich komme. Die, denen ich den Spiegel vorhalte, sehen mich lieber von hinten. Aber damit kann ich leben, denn die sind in der Minderheit.

Ich bin zutiefst davon überzeugt, dass es der Job von Führungskräften ist, ihren Mitarbeitern zu zeigen, wer sie sind und für was sie stehen. Meine Mitarbeiter wissen viel von mir: nicht nur, dass ich verheiratet bin, Kinder habe und Eintracht-Frankfurt-Fan bin. Ich habe ihnen auch von meiner Kindheitsgeschichte erzählt und warum ich so gut nachvollziehen kann, wie es ist, kleingemacht zu werden und entsprechendes Verhalten in diesem Unternehmen nicht dulde.

Ich bin zutiefst davon überzeugt, dass es der Job von Führungskräften ist, ihren Mitarbeitern zu zeigen, wer sie sind und für was sie stehen.

Wenn Sie Ihren Mitarbeitern so offen begegnen, werden nicht alle Sie lieben. Aber alle werden Klarheit darüber haben, was für einen Menschen sie vor sich haben.

Und ich kann Ihnen aus eigener Erfahrung sagen: Auch und gerade wenn Sie offen Schwächen zugeben, können die Menschen Vertrauen zu Ihnen fassen. Ich war und bin stets bereit, über meine Entscheidungen und die Beweggründe dafür offen zu sprechen – und kann zugeben, wenn mir ein Fehler unterlaufen ist. Das ist eine Größe, die ich mir von meinen Mitarbeitern wünsche – und diese Größe kann ich nur erwarten, wenn ich sie auch vorlebe.

Wenn Sie offen Schwächen zugeben, können die Menschen Vertrauen zu Ihnen fassen.

Das ist es, was Ihnen Respekt verschafft statt Angst!

Und die Investition an Zeit und Interesse in Ihre Mitarbeiter zahlt sich in jedem Falle aus. Auch wenn gar nicht wenige Geschäftsführungen heute noch behaupten, dass Mitarbeiter ja eh nur das eine wollen ...

3. Teil
ECHT GROSS

11 Frau Meier, jetzt hören Sie mal!

Ich mache kein Geheimnis daraus, was wir bei Seidel anders machen, denn ich fände es toll, wenn auch in weiteren Firmen ein liebevoll-konsequenter Umgang miteinander Einzug hielte. Doch ich kann Ihnen sagen, dass mir nicht nur freundliches Interesse entgegengebracht wird.

Der Vortragsraum auf dieser Konferenz für Personalentwicklung ist gut besucht, fast alle Plätze sind besetzt. Ich stehe am Rednerpult und erzähle, was wir bei Seidel alles tun.
Das Publikum folgt meinen Ausführungen gespannt, viele Zuhörer machen sich auch Notizen.
Ich freue mich über das spürbare Interesse und sage am Ende meines Vortrags: „Haben Sie noch Fragen?"
In der dritten Reihe hebt ein Mann im Anzug die rechte Hand. Ich nicke ihm zu.
In herablassendem Ton sagt er: „Frau Meier, jetzt hören Sie mal! Das hört sich ja alles recht und schön an. Aber zuallererst kommen die Menschen wegen Geld zur Arbeit, nicht wegen dem Schnickschnack, den Sie uns hier erzählen. Und wo kommen wir da hin, wenn ich mich jetzt auch noch um die Schulden meiner Mitarbeiter kümmern soll?!"

Ja, natürlich wollen Mitarbeiter – so wie Sie und ich auch – Geld für ihre Arbeitsleistung. Schließlich müssen sie ihr Leben bestreiten können. Aber seien wir ehrlich: Geld können sie überall verdienen.

Ich weiß nicht, wie es in Ihrer Region ist, aber bei uns in Mittelhessen besteht nahezu Vollbeschäftigung. Die Fachkräfte, die arbeiten wollen, finden an jeder Ecke einen Job – und das gilt auch für unsere Mitarbeiter. Wir zahlen gut, aber es wird immer Unternehmen geben, die noch besser zahlen. Trotzdem bleiben unsere Mitarbeiter bei uns. Und wir haben mehr Bewerbungen denn je. Dafür gibt es einen Grund!

Mitarbeiter brauchen über das Geld hinaus das Gefühl, etwas wert zu sein, angenommen zu werden, so wie sie sind, und zu einem großen Ganzen zu gehören. Denn Menschen sind keine Roboter! Und sie wollen auch nicht wie solche behandelt werden. Roboter werden Kraft- und Gehirnleistung übernehmen können – Herz und Seele allerdings nicht. Und Mitarbeiter werden in Zukunft Unternehmen suchen, die Herz und Seele zu bieten haben.

Wenn Sie Ihren Mitarbeitern vermitteln können, dass sie persönlich hier gebraucht werden und dass die Firma schlechter läuft – und sei es nur ein bisschen –, wenn sie nicht da sind, dann geht der Krankenstand nach unten und die Qualität nach oben. Wir sind der beste Beweis dafür.

Roboter werden Kraft- und Gehirnleistung übernehmen können – Herz und Seele allerdings nicht.

Und wissen Sie was? Dadurch, dass wir auf diese Weise den Gewinn steigern konnten, haben wir mehr Geld, um unseren Leuten noch bessere Löhne zu zahlen. Denn ich sage ja nicht, dass Geld unwichtig ist. Aber es ist definitiv nicht das Wichtigste, wenn Sie gute Mitarbeiter halten und gewinnen wollen.

Und wir wollen sogar die besten …

12 Die Besten sind groß

Woran machen Sie fest, ob ein Mitarbeiter zu den besten gehört? Bei uns gehört dazu mehr als eine hohe fachliche Kompetenz. Klar ist diese wichtig, um unser Unternehmen voranzubringen. Jede Firma braucht qualifizierte Leute, die ihre Arbeit gut und schnell machen; die in der Lage sind, die Prozesse zu verbessern und zuverlässig hohe Qualität zu produzieren. Wenn Sie aber wirklich erfolgreich sein und bleiben wollen, legen Sie noch einen zweiten Maßstab an: Sie suchen sich Mitarbeiter, die menschliche Größe haben.

Sie suchen sich Mitarbeiter, die menschliche Größe haben.

Denn, schauen Sie sich um und Sie werden feststellen: Menschen werden wegen ihrer Fachkompetenz eingestellt und wegen ihrer Persönlichkeit entlassen.

Menschlich große Mitarbeiter können Kritik vertragen und an sich arbeiten, um den Part zu entwickeln, an dem sie noch wachsen können. Was mir persönlich noch wichtiger ist: Große Mitarbeiter müssen ihre Kollegen nicht kleinhalten, wie Mitarbeiter es tun, die sich selbst klein fühlen. Im Gegenteil: Starke Mitarbeiter geben den schwächeren die Chance, neben ihnen selbst stark zu werden. Obwohl oder gerade weil die Starken sich nicht scheuen, auch anzusprechen, was nicht geht. Das tun sie dann, wenn sie wissen: Einer, der den Blödmann nicht zu Hause lassen will, hat in diesem Unternehmen keine Zukunft. Und das Thema Mobbing hat sich erledigt.

Menschen werden wegen ihrer Fachkompetenz eingestellt und wegen ihrer Persönlichkeit entlassen.

Und nur Mitarbeiter mit innerer Größe haben den Mut, ihrerseits große Mitarbeiter einzustellen. Denn fühlen Sie sich selbst klein, werden Sie einen Teufel tun, sich einen an die Seite zu holen, der womöglich besser ist als Sie. Fühlen Sie sich groß, tun Sie genau das! Sie freuen sich sogar darüber, wenn der neue Mitarbeiter sich wirklich so entwickelt, weil die Firma davon profitiert. Diese Haltung fängt bei der Geschäftsführung an und pflanzt sich nach unten fort.

So wird der Anteil der „*Großen*" immer deutlicher und wirkt sich auf die Unternehmenskultur aus.

Ein Mitarbeiter, der schon viele Jahre mit dabei ist, hat mir mal freudestrahlend gesagt: „*Frau Meier, die Welt hier bei Seidel hat sich sehr zum Positiven verändert!*" Ich habe ihm widersprochen und gesagt: „*Nicht die Welt hat sich verändert, die ist immer noch die gleiche. Sie haben sich verändert!*"

Eine Veränderung der Kultur wird aber nicht nur nach innen spürbar, sondern auch nach außen sichtbar.

Nicht die Welt hat sich verändert, die ist immer noch die gleiche. Sie haben sich verändert!

Strahlende Wirkung

Solche Firmen entwickeln einen enormen „*Halo-Effekt*". Die Mitarbeiter sprechen zu Hause am Abendbrottisch und im Bekanntenkreis über das, was sie erleben. Und je mehr Geschichten vom menschlichen Umgang und von den coolen Aktionen, die laufen, nach außen dringen – welche, die Menschen, die in einer anderen Unternehmenskultur arbeiten, gar nicht fassen können –, desto stärker wird die Strahlkraft.

Das strahlt auch auf das Vertrauen der Kunden in unsere Produkte ab!

Die positive Kultur wird nämlich für jeden sichtbar. Von den Kunden, die durch unser Unternehmen laufen, hört unser Inhaber ganz oft: „*Ich sehe nirgends so viele lachende Gesichter und winkende Hände wie hier!*" Das strahlt auch auf das Vertrauen der Kunden in unsere Produkte ab!

Eine solche Unternehmenskultur tritt ein, wenn alle sich wertgeschätzt fühlen und sich zu ihrer Größe entfalten können. Wenn sie erleben, dass persönliche Größe nichts mit Geld oder Status zu tun hat. Auch und gerade wenn sie in ihrem Leben schon selbst erfahren haben, wie es ist, kleingemacht zu werden, weil sie angeblich nichts wert sind …

„Frau Meier", hatte Dr. Andreas Ritzenhoff, der Inhaber von Seidel, mir vor einiger Zeit geraten, „die Zinsen sind so niedrig: Sie sollten sich ein Haus bauen, um im Alter später unabhängig zu sein."
Und er hatte mir angeboten, dass er selbst bei den Banken anruft, mit denen die Firma gute Erfahrung hat, um einen Termin für mich auszumachen: Die würden mir bestimmt ein gutes Angebot machen.
Ich willigte ein und jetzt stehe ich vor der ersten dieser Banken. Ich werde äußerst zuvorkommend empfangen und in das Büro der Beraterin geführt. Dort trifft mich fast der Schlag.

Wenn sie erleben, dass persönliche Größe nichts mit Geld oder Status zu tun hat.

Die Beraterin, die da am Schreibtisch sitzt, gehört zu meiner Familie: Sie hatte damals wie alle anderen auf mich herabgesehen und mich entsprechend behandelt. Wir hatten schon seit Jahren keinen Kontakt mehr miteinander, deshalb dauert es einen Moment, bis sie mich erkennt. Dann aber verändert sich sofort ihr Gesichtsausdruck.
Unter abschätzigem Blick fragt sie mich: „Was willst du denn hier?"
Ich schlucke und fühle mich wieder so klein wie früher: „Ein Haus bauen."
Sie verdreht die Augen und antwortet: „Du? Dann setz dich mal hin. Wir schauen mal, ob du noch ein bisschen sparen musst ..."
Sie lächelt überheblich, denn sie weiß nur, dass ich damals eine Ausbildung zur Arzthelferin absolviert hatte. Von meiner Umschulung und der Karriere, die ich seither gemacht habe, ahnt sie nichts.
Sie zeigt auf den Stuhl ihr gegenüber. Ich gehorche und zittere richtiggehend, als ich mich setze.
Mit gelangweilter Geste streckt sie die Hand aus und fragt: „Hast du eine Gehaltsabrechnung dabei?"
Ich nicke, krame diese aus meiner Tasche und reiche sie ihr.
Sie schaut kurz auf die Zahl rechts unten und lacht: „Pia! Als Sprechstundenhilfe verdienst du so viel Geld?!"
Ich erzähle ihr, was ich heute mache, und ihre Augen werden groß und größer.
Sie hüstelt und sagt in zuckersüßem Ton: „Pia, ich finde, wir sollten unter die alte Familienfehde einen Schlussstrich ziehen. Willst du uns nicht einmal zu Hause besuchen kommen?"
Ich erkenne sofort: Sie lädt mich nicht wegen meiner Person, sondern wegen meines Kontostandes ein. Es fällt mir wie Schuppen von den Augen und endlich komme ich aus meinen Gefühl raus, klein zu sein – aber nicht so, wie meine Verwandte es erwartet.

Ich erwidere ihr ruhig: „Weißt du: Ein halbes Leben habe ich um eure Wertschätzung gekämpft. Aber jetzt brauche und will ich sie nicht mehr haben."
Mit diesen Worten stehe ich auf und gehe.

Menschen zieht es dahin, wo sie Wertschätzung erfahren. Wo sie tagtäglich erfahren, dass Leistung und nicht Titel zählen. Wo sie die Besten werden, die sie sein können – auch wenn sie es heute noch nicht sind.

Wir sind zutiefst überzeugt, dass wir bei Seidel in dieser liebevollen Konsequenz auch in Zukunft erfolgreich sein werden ...

Wir brauchen große Mitarbeiter, deshalb tun wir alles dafür, dass unsere Mitarbeiter groß werden können. Den, der an sich selbst nicht arbeiten will und der andere kleinmacht, den brauchen wir nicht.

Wir sind zutiefst überzeugt, dass wir bei Seidel in dieser liebevollen Konsequenz auch in Zukunft erfolgreich sein werden ...

Das machen wir hier!

Eine junge Frau sitzt mir gegenüber. Ihre Mutter, eine Mitarbeiterin, hat mich gebeten, sie mir anzuschauen.

Sie hatte in ihrem nicht ganz fehlerfreien Deutsch gesagt: *„Meine Aleyna möchte Industriekauffrau lernen. Der Lehrer hat gesagt, dass sie so schlecht ist, dass sie es gar nicht probieren muss, sich bei Seidel zu bewerben. Aber, Frau Meier, sie will unbedingt!"*

In meinem Gespräch mit Aleyna merke ich schnell, dass diese wirklich extrem entschlossen ist. Ihre Augen leuchten beim Thema Ausbildung.

Sie sagt: *„Die erzählen mir alle, dass ich das nicht kann. Und dass meine Bewerbung eh im Papierkorb landet. Aber ich kann das schaffen!"*

Ich kann ihre Gefühle gut nachvollziehen: Sie erinnert mich an das kleine Mädchen, das von seiner Oma nie etwas anderes vermittelt bekommen hat als Geringschätzigkeit. Umso mehr bewundere ich Aleynas Haltung. Aber kann sie es wirklich schaffen – mit diesen Noten? Denn die sprechen tatsächlich erstmal eine andere Sprache.

Ich überlege.

Dann trommele ich mein Team zusammen, schildere ihnen den Fall und frage: *„Seid ihr bereit, am Abend nach dem Ausstempeln, Aleyna beim Lernen zu unterstützen: Mathe und was auch immer sie braucht? Und einen Lernkreis zu bilden, in dem auch die Azubis mit den guten Noten, die schon weiter sind, ihr helfen?"*

Mein Team sagt tatsächlich zu und wir stellen die junge Frau ein.

Das ist sechs Jahre her. Inzwischen hat Aleyna nicht nur ihre Ausbildung erfolgreich absolviert, sondern ein Fachwirt-Studium durchgezogen und vor Kurzem bestanden. Sie ist eine außerordentlich engagierte, loyale Mitarbeiterin geworden, die perfekt das Team ergänzt und die niemand mehr missen möchte.

Zu ihrer Bestehensfeier laden wir – wie immer – auch ihre Verwandten ein, damit sie mit uns anstoßen können.

Bei meiner kleinen Ansprache sage ich: *„Nicht wahr, Aleyna, wir haben es allen gezeigt. Du bist sooo groß, obwohl dich so viele kleinhalten wollten. Zur Größe finden – das ist es, was wir hier alle miteinander machen!"*

Autorenvita

Pia Meier hat es sich zur Mission gemacht, ungenutztes Potenzial in Unternehmen zu finden und zu stärken. Und damit meint sie nicht etwa weitere Einnahmequellen oder Produktoptimierungen. Die Personalchefin setzt sich für die richtig guten Mitarbeiter ein, die wertgeschätzt und gefördert werden müssen. Auch und gerade wenn sie einen schweren Start hatten, hilft Pia Meier ihnen, das Beste aus sich zu machen und Höchstleistungen zu erbringen.

Und davon profitiert am Ende auch das Unternehmen. Denn die Autorin kümmert sich nicht nur um das Potenzial der Mitarbeiter, sondern sorgt auch in den obersten Etagen dafür, dass der Arbeitsplatz für alle zu einem zweiten Zuhause wird, auf dass sie sich schon sonntags freuen.

Und auch wenn sie ihre Arbeit liebt, ebenso gerne verbringt die Gießenerin Zeit mit ihrer Familie, entspannt im Garten oder relaxt bei einer Meditation.

DANKE

An dieser Stelle möchte ich mich bei der Firma Seidel bedanken, in der ich seit 2006 zum Team gehöre.

Na klar: Auch hier läuft nicht immer alles rund – aber sonst hätte ich Ihnen, liebe Leser, auch nicht all die Geschichten erzählen können.

Liebes Seidel-Team, vielen lieben Dank für eure Unterstützung bei diesem Buch.

Ich denke, dass bei Seidel angekommen ist, wie wichtig liebevolle Konsequenz ist – und natürlich herzliche Größe! Und das lässt mich eben jeden Tag aufs Neue mit Freude zur Arbeit gehen und motiviert mich, mein Bestes zu geben.

Wenn Sie mehr über mich und mein Angebot erfahren möchten, dann schauen Sie vorbei: www.piameier.com

Und wenn auch Sie mehr über das Unternehmen Seidel erfahren möchten, dann finden Sie alle Infos hier: www.seidel.de

Impressum

Erscheinungsjahr 2019
1. Auflage
Copyright Pia Meier

Alle Rechte, insbesondere das Recht der Vervielfältigung und Verbreitung sowie der Übersetzung vorbehalten. Kein Teil des Werkes darf in irgendeiner Form (durch Fotokopie, Mikrofilm oder ein anderes Verfahren) ohne schriftliche Genehmigung des Autors reproduziert oder unter Verwendung elektronischer Systeme gespeichert, verarbeitet, vervielfältigt oder verbreitet werden.

Umschlaggestaltung: extract.design
Layout: extract.design
Satz: extract.design
Foto: Seidel GmbH & Co.KG
Verlag: Pia Meier
Druck: Druckerei Uhl, Radolfzell
Printed in Germany
Produziert von: Gorus Media GmbH

ISBN: 978-3-947572-48-9

Gorus Certified Publication ist ein Qualitätssiegel für Bücher, die im Selbstverlag ihrer Autoren erscheinen. Es stellt für Sie, den Leser, die konzeptionelle, gestalterische und textliche Qualität sicher. Dafür wurde dieses Buch von einer Jury aus erfahrenen Buchprofis detailliert geprüft und nach den Qualitätskriterien bewertet, die die Unternehmensgruppe Gorus in jahrzehntelanger erfolgreicher Arbeit im deutschsprachigen Sachbuchmarkt entwickelt hat. Nur Büchern, die diesen Kriterien genügen, wird das Gütesiegel verliehen. Weitere Informationen: www.certified-publication.de